O JOGO INTERIOR DO TÊNIS

EDIÇÃO ESPECIAL DE 50 ANOS, COM INTRODUÇÃO DE BILL GATES

O JOGO INTERIOR DO TÊNIS

(The Inner Game of Tennis)

O BEST-SELLER MUNDIAL PARA A EXCELÊNCIA NO DESEMPENHO

W. TIMOTHY GALLWEY

Copyright da tradução e desta edição © 2025 by Edipro Edições Profissionais Ltda.

Título original: *The Inner Game of Tennis*.

Esta edição foi publicada mediante acordo com a Random House, selo e divisão da Penguin Random House LLC.

Todos os direitos reservados. Nenhuma parte deste livro poderá ser reproduzida ou transmitida de qualquer forma ou por quaisquer meios, eletrônicos ou mecânicos, incluindo fotocópia, gravação ou qualquer sistema de armazenamento e recuperação de informações, sem permissão por escrito do editor.

Grafia conforme o novo Acordo Ortográfico da Língua Portuguesa.

3ª edição, 2025.

Editores: Jair Lot Vieira e Maíra Lot Vieira Micales
Coordenação editorial: Karine Moreto de Almeida
Tradução: Alexandre Sanches Camacho e Daniel Moreira Miranda
Produção editorial: Richard Sanches
Edição de textos: Marta Almeida de Sá
Assistente editorial: Thiago Santos
Preparação de texto: Lygia Roncel
Revisão: Marta Almeida de Sá
Diagramação: Mioloteca
Capa: Lumiar Design

Dados Internacionais de Catalogação na Publicação (CIP)
(Câmara Brasileira do Livro, SP, Brasil)

Gallwey, W. Timothy.
    O Jogo Interior do tênis : O best-seller mundial para a excelência no desempenho ; tradução Alexandre Sanches Camacho, Daniel Moreira Miranda. — São Paulo : Edipro, 2025.

    Título original: *The Inner Game of Tennis*
    ISBN 978-65-5660-161-8 (impresso)
    ISBN 978-65-5660-162-5 (e-pub)

    1. Desempenho - Aspectos psicológicos 2. Tênis 3. Tênis - Aspectos psicológicos 4. Tênis - Treinamento I. Título.

24-224451   CDD-796.3422

Índice para catálogo sistemático:
1. Tênis : Esporte 796.3422

Eliane de Freitas Leite - Bibliotecária - CRB 8/8415

São Paulo: (11) 3107-7050 • Bauru: (14) 3234-4121
www.edipro.com.br • edipro@edipro.com.br

@editoraedipro   @editoraedipro

www.theinnergame.com

O livro é a porta que se abre para a realização do homem.
Jair Lot Vieira

Para minha mãe e meu pai,
que me mostraram o Jogo,
e para Prem Rawat,
que me mostrou o que é a Vitória.

O que é um jogo de verdade?
É um jogo que diverte o coração,
um jogo que diverte o jogador.
Um jogo que você vai ganhar.

Prem Rawat

Sumário

Apresentação 11

Prefácio 14

Introdução
O melhor guia para não atrapalharmos a nós mesmos 16

Prólogo 19

1 Reflexões sobre o lado mental do tênis 21

2 A descoberta dos dois seres 28

3 Silenciando o Ser 1 33

4 A confiança no Ser 2 53

5 Descobrindo a técnica 72

6 Mudando hábitos 95

7 Concentração: aprendendo a ter foco **108**

8 Os jogos que acontecem na quadra **131**

9 O significado da competição **146**

10 O jogo interior fora da quadra **156**

Epílogo **168**

Agradecimentos **172**

Apresentação

Pete Carroll
*Treinador-chefe e vice-presidente executivo
do Seattle Seahawks de 2010 a 2013*

Há cinquenta anos, fui apresentado a Tim Gallwey e aos seus princípios atemporais sobre os benefícios de jogar com a mente tranquila. Desde então, fui profundamente tocado pela poderosa combinação de foco e confiança, reconhecendo como esses elementos fundamentais são essenciais para alcançar a excelência em atuações de alto desempenho. Tanto ao liderar o Seattle Seahawks para a vitória no Super Bowl quanto ao treinar o Trojans, da University of Southern California, para derrotar o Oklahoma em um jogo que depois seria conhecido como o Jogo do Século, o domínio habilidoso do "ruído" que pode desviar o foco tornou-se o cerne de todos os aspectos da minha vida como treinador.

Já testemunhei uma infinidade de partidas de futebol, repletas de jogadas memoráveis e proezas atléticas. No entanto, ao observar os jogadores em campo, é evidente para mim que uma batalha muito mais sutil está sendo travada em suas mentes. Os aspectos mentais que influenciam o desempenho físico de cada jogador são fundamentais para determinar o resultado final. Tim Gallwey descreve esses elementos mentais como Jogo Interior. Para os atletas que se preparam para alcançar um alto desempenho, lidar de modo eficaz com sua própria mente é de suma importância. Tanto treinadores quanto atletas, independentemente do nível técnico, enfrentam esse desafio mental relacionado ao desempenho. Eles devem estar com a mente livre de toda *confusão* e adquirir a capacidade de jogar com liberdade.

Fui apresentado ao livro *O jogo interior do tênis* anos atrás, quando eu ainda era um estudante de pós-graduação. Desde então, pude perceber com clareza os benefícios dos ensinamentos de Gallwey no contexto dos esportes individuais. À medida que mergulhava mais profundamente nos conceitos de atuar com uma mente livre de distrações, comecei a consolidar os princípios da confiança e do foco como características que também poderiam beneficiar o desempenho coletivo.

A confiança exigida para manter o desempenho em alto nível ao longo de períodos prolongados só pode ser cultivada por meio de treinamentos excepcionais. Assim como qualquer resultado significativo requer dedicação e esforço inabaláveis, alcançar esse padrão de excelência demanda uma prática disciplinada e consistente durante os treinos. Por meio dessa prática disciplinada, nossos jogadores desenvolvem não apenas confiança em nossa orientação como também — o que é ainda mais importante — confiança em si mesmos. É por intermédio dessa prática que os jogadores adquirem a confiança necessária para manter o foco, independentemente das circunstâncias ou do ambiente ao seu redor.

A dedicação de meio século ao Jogo Interior tem sido o alicerce da minha filosofia de treinamento. Esses princípios foram integrados em todos os aspectos da cultura que cultivamos ao longo de nossa extensa jornada no futebol americano universitário e, posteriormente, foram adaptados para o mais alto nível do esporte, a NFL.[1] Para mim, isso representa o ápice do Jogo Interior. É uma ciência de alto desempenho que resistiu ao teste do tempo. Esses princípios se transformaram

---

1. National Football League, a liga esportiva profissional de futebol americano dos Estados Unidos. (N.E.)

em um estilo de vida dentro e fora do nosso programa, e eu sou profundamente grato por essas lições.

A prática de acalmar a mente representa o derradeiro elemento na formação do desempenho de elite. Constitui a fase final do aprimoramento das habilidades que, em última análise, definem nossa capacidade de atingir o máximo desempenho. Cultivar essa habilidade de confiança e foco supremo sempre foi o objetivo central do Jogo Interior e do meu método de treinamento.

Prefácio

Zach Kleiman[2]

Confio em Tim Gallwey — e em seus ensinamentos de *O jogo interior do tênis* — desde antes de conhecê-lo. Essa confiança surgiu em 1974, quando li este livro que está em suas mãos. Ele confirma que o caminho que sigo é verdadeiro e que posso continuar e me aprofundar nele. E é isso que faço. "A questão não está no tênis", ele me lembra. "Também não está na vitória ou na derrota; se estamos aqui para experimentar, somos livres." Ainda prefiro vencer a perder. E, depois de trinta anos, ele ainda me ajuda a acreditar no que faço. Ele contribuiu para que eu me tornasse um instrutor do Jogo Interior. Tim trabalha com vivacidade e, como meu mentor e exemplo a ser seguido, me incumbiu da tarefa de acompanhá-lo e ajudá-lo enquanto ele continua a aprender. Eu o valorizo muito por isso; ele tem um interesse inesgotável.

---

2. Zach Kleiman, treinador de tênis, já foi chamado de mestre Yoda, pois tem uma abordagem única e espirituosa para ensinar e treinar. Ele combina treinamento e aconselhamento de uma forma tão sintonizada com a psique dos alunos quanto com seus ensinamentos. Embora sua área principal seja o tênis, ele atua também em outros campos, por exemplo, entre jogadores de golfe, nas quadras de basquete e com a equipe olímpica de esgrima dos Estados Unidos. Participa ativamente também de vários veículos de comunicação nas mídias televisivas e impressas, como a NBC-TV, *The Wall Street Journal*, o *Los Angeles Times*, entre outros. Zach também desenvolveu um programa de tênis para a Promises, uma clínica de reabilitação para dependentes químicos e de álcool, depressão e ansiedade na região de Los Angeles. (N.E.)

Num determinado dia, ele demonstrou sua assertividade. Era o último dia do *workshop* do Jogo Interior para professores de tênis. Embora eu já tivesse assistido a um treinamento sobre sua filosofia poucos meses antes, foi nesse *workshop* que tive minha primeira "aula particular" (dada para cerca de trinta pessoas). Ele utilizou como tema a autoridade. "Expresse sua autoridade. Torne-se o dono de seus golpes", pediu ele, gentilmente. Isso me fez encontrar, dentro de mim, uma nova e mais simples visão sobre a maneira de executar as jogadas. De imediato, meu jogo e minhas aulas ganharam uma nova dimensão não apenas do ponto de vista da autoridade, mas eu poderia ser o que eu quisesse ser. Eu me tornei o mentor e o criador da jogada seguinte e estendi isso para minha vida.

No dia 10 de dezembro de 1976, uma sexta-feira, por volta das 14h30, Tim Gallwey mudou minha vida quando sugeriu de forma intuitiva: "Zach, vá para casa. Vá dar suas aulas e, depois, volte para o próximo *workshop*!".

"De forma alguma", eu respondi, com minha recém-adquirida força e minha confiança. E complementei com uma convicção instintiva: "Estou aqui para ajudar, observar e aprender!".

Tim sorriu.

Eu fiquei. Mas o que realmente me fez ficar? Sinto que há alguma magia quando estou numa quadra, ensinando e aprendendo com Tim. Seu método é reflexivo, simples e provocativo. E isso me inspira como técnico, como jogador e como pessoa.

Desde esse significativo momento em que aprendi a expressar minha recém-descoberta autoridade, comecei a confiar nos instintos de Tim, e continuo confiando até hoje. Ainda vivo em Los Angeles, trabalhando e expandindo o conceito do Jogo Interior por meio de oficinas e *workshops* — realizados em grupos ou individualmente, em quadras de tênis, campos de golfe, estúdios de música e salas de bilhar. Continuo aprendendo, crescendo e praticando o jogo interior e exterior com Tim, quase diariamente, dentro e fora das quadras.

Introdução
O melhor guia para não atrapalharmos a nós mesmos

Bill Gates

Quando Roger Federer anunciou sua aposentadoria, lembrei-me de um fato fascinante que ele compartilhou comigo sobre seu estilo de jogo. Ele me disse que uma das chaves para seu sucesso é sua incrível capacidade de manter a calma e permanecer tranquilo. Aqueles que já viram Roger jogar entendem exatamente o que ele quis dizer. Quando se via em desvantagem no jogo, ele entendia que talvez precisasse se esforçar um pouco mais, porém, nunca se preocupava excessivamente. E quando conseguia marcar um ponto, não gastava muita energia parabenizando a si mesmo. Seu estilo contrastava com o de alguém como John McEnroe, que exibia todas as suas emoções e até mais.

Achei muito interessante ouvir Roger falar sobre esse aspecto de seu jogo, pois é algo que venho tentando incorporar ao meu desde meados dos anos 1970, quando deparei pela primeira vez com o inovador livro de Timothy Gallwey, *O jogo interior do tênis*. Além de ser o melhor livro sobre tênis que já li, seus conselhos profundos também se aplicam a muitas outras áreas da vida. Até hoje, ainda o presenteio aos amigos.

Quando este livro foi publicado, em 1974, tornou-se um grande sucesso. Gallwey, um treinador de tênis bem-sucedido do sul da Califórnia, introduziu a ideia de que o tênis é composto de dois jogos distintos. Existe o jogo exterior, que abrange a parte mecânica — como segurar corretamente a raquete, manter o braço nivelado no backhand, e assim por diante. Essa é a área em que a maioria dos treinadores e jogadores tende a se concentrar.

Gallwey reconheceu a importância do jogo exterior, mas o que realmente o interessava, e o que ele acreditava estar faltando na abordagem da maioria das pessoas, era o Jogo Interior. "Esse é o jogo que acontece na mente do jogador", ele escreveu. Ao contrário do jogo exterior, em que o oponente é a pessoa do outro lado da rede, o Jogo Interior "(...) tem como obstáculos a falta de concentração, o nervosismo, a insegurança e a autocondenação. Em resumo, é um desafio contra os hábitos da mente que inibem a excelência da performance".

Essa ideia ressoou tão profundamente em mim que reli o livro várias vezes, algo pouco comum no meu dia a dia. Antes de conhecê-lo, havia sempre um momento durante as partidas de tênis em que eu me pegava dizendo "Que raiva por ter perdido esse lance... Eu sou muito ruim nisso!". Esse padrão de pensamento negativo acabava predominando e, consequentemente, durante o próximo ponto, eu ainda estava remoendo o lance anterior. Gallwey apresentou formas de deixar esses sentimentos negativos de lado e de parar de atrapalhar a si mesmo, abrindo caminho para o próximo ponto.

Gallwey tem um ensinamento peculiar que parece muito estranho quando o ouvimos pela primeira vez. "O segredo para vencer qualquer jogo", escreveu ele, "está em não se esforçar muito".

Como esperar ganhar sem se esforçar muito? "Quando um tenista está totalmente focado, não pensa em como, quando ou onde deve rebater a bola", escreveu Gallwey. "Ele não está tentando acertar a bola e, depois do golpe, ele não avalia se sua jogada foi boa ou ruim. Rebater a bola é apenas parte de um processo que não demanda raciocínio."

O fundamento do Jogo Interior é, na verdade, o estado de espírito, a capacidade de discernir se ele está contribuindo ou prejudicando. Para a maioria de nós, é simples cair na armadilha da autocrítica, o que, por sua vez, limita ainda mais nosso desempenho. Devemos aprender com nossos erros sem ficar obcecados por eles.

Gallwey e seus leitores logo perceberam que o Jogo Interior não se restringia apenas ao tênis. E, assim, ele passou a publicar livros semelhantes sobre golfe, esqui, música e até mesmo sobre o ambiente de trabalho.

Embora eu tenha parado de jogar tênis aos 20 anos para poder me dedicar à Microsoft e só tenha retomado aos 40 anos, os ensinamentos de Gallwey afetaram de modo sutil minha abordagem no trabalho. Por exemplo, apesar de eu valorizar muito a autocrítica e a objetividade em relação ao meu próprio desempenho, tento abordá-las de maneira construtiva, seguindo o exemplo de Gallwey, visando a aprimorar meu desempenho.

E, embora eu nem sempre consiga alcançar a perfeição nisso, busco gerir as equipes do mesmo modo. Houve um incidente, anos atrás, quando uma equipe da Microsoft descobriu um *bug* em um software que já havia sido enviado para as lojas (na época em que os softwares ainda eram vendidos em discos). Isso exigiria um *recall* do software, o que acarretaria um custo significativo para a empresa. Quando me relataram a má notícia, percebi que toda a equipe estava se culpando. Então, eu disse a eles: "Fico feliz que vocês estejam reconhecendo a necessidade de substituir os discos. Hoje, a empresa teve um grande prejuízo. Voltem amanhã e tentem fazer o melhor que puderem. Vamos investigar o que permitiu que esse *bug* ocorresse no produto final, para que isso não se repita!".

O tênis evoluiu com o passar dos anos. Os melhores jogadores do mundo, hoje, adotam um estilo muito diferente do estilo dos campeões de cinquenta anos atrás. No entanto, *O jogo interior do tênis* permanece tão relevante hoje quanto era em 1974. Mesmo com as mudanças no jogo exterior, o Jogo Interior permaneceu inalterado.

Esta introdução é uma adaptação do artigo "The Best Guide to Getting Out of Your Own Way", publicado, a princípio, em GatesNotes.com.

Prólogo

Todo jogo é composto de duas partes — o jogo exterior e o jogo interior. O jogo exterior tem um adversário externo, obstáculos externos e um objetivo externo. Diversos livros sugerem como obter sucesso nesse tipo de jogo. Ensinam como se deve segurar uma raquete ou um taco e como posicionar seus braços, suas pernas e o tronco para chegar aos melhores resultados. Por alguma razão, a maioria das pessoas considera essas instruções mais fáceis de memorizar do que de executar.

A tese que apresento neste livro é a de que não se pode obter sucesso ou satisfação na prática de um jogo sem que se dê atenção às frequentemente negligenciadas habilidades do Jogo Interior. Esse é o jogo que acontece na mente do jogador e que tem como obstáculos a falta de concentração, o nervosismo, a insegurança e a autocondenação. Em resumo, é um desafio contra os hábitos da mente que inibem a excelência da performance.

Muitas vezes, nos perguntamos por que jogamos tão bem em determinado dia e tão mal no dia seguinte, ou por que razão ficamos nervosos em competições e erramos jogadas fáceis. E por que é tão difícil e demorado abandonar um mau hábito e aprender um novo? Vitórias no Jogo Interior podem não ser recompensadas com troféus, mas proporcionam recompensas valiosas, que são mais permanentes e podem contribuir de forma significativa para o sucesso de um indivíduo tanto dentro quanto fora da quadra.

Praticantes do Jogo Interior valorizam a arte da concentração relaxada mais que qualquer outra habilidade, desenvolvem uma base sólida para a autoconfiança e aprendem que o segredo para vencer qualquer jogo está em não se esforçar demais. Eles buscam o desempenho espontâneo, que ocorre quando a mente está tranquila e em harmonia com o corpo — que encontra de um modo surpreendente sua própria forma de superar os limites diversas vezes. Além disso, enquanto superam as dificuldades da competição, os praticantes do Jogo Interior sentem um desejo de vencer que os ajuda a liberar sua energia e não desanimar na derrota.

Há um processo natural e eficaz para aprendermos a fazer qualquer coisa, mas temos dificuldade para reconhecê-lo. É um processo similar ao que todos nós usamos — e do qual acabamos nos esquecendo — quando aprendemos a andar e a falar. Esse processo utiliza as capacidades intuitivas da mente e os hemisférios esquerdo e direito do cérebro. Não é necessário aprender a usá-lo; nós já o conhecemos. O que precisamos é *desaprender* a utilizar os hábitos que interferem nesse processo e permitir que ele *flua* naturalmente.

Descobrir e explorar o potencial do corpo humano é o desafio do Jogo Interior. Neste livro, ele será explorado por intermédio do tênis.

1
REFLEXÕES SOBRE O LADO MENTAL DO TÊNIS

Os problemas que mais perturbam os jogadores de tênis não são aqueles associados à técnica do manejo da raquete. Há livros e profissionais em abundância para tratar desse tema. As limitações físicas também são uma preocupação menor. A reclamação mais comum ouvida nos corredores e vestiários esportivos é: "O problema não é não saber o que fazer, mas, sim, não conseguir fazer o que eu sei!". Outras reclamações constantemente declaradas por profissionais do tênis são do tipo:

- Jogo melhor nos treinos do que nas partidas oficiais.
- Sei exatamente o que há de errado no meu forehand, mas não consigo corrigir o vício.
- Quando estou extremamente empenhado em executar um golpe da forma como o livro o descreve, eu sempre erro. Quando me concentro em alguma instrução, esqueço de outra.
- Todas as vezes em que me aproximo de um match point contra um adversário de alto nível, fico nervoso e perco a concentração.
- Sou meu pior inimigo; eu mesmo me derroto.

A maioria dos atletas de qualquer modalidade enfrenta problemas iguais ou similares a esses, e é difícil encontrar uma forma de resolvê-los. Em geral, o jogador se depara com aforismos pouco úteis, como:

"Bem, o tênis é um jogo muito mental, então, você precisa desenvolver as atitudes mentais necessárias!", ou "Você precisa ser confiante e ter o desejo de vencer; caso contrário, será sempre um perdedor!". Mas como "ser confiante" ou desenvolver as "atitudes mentais necessárias"? Essas perguntas costumam ficar sem resposta.

Portanto, parece haver uma lacuna no que diz respeito a textos que abordem formas de melhorar o processo mental que traduz a informação técnica de como rebater uma bola em uma ação eficaz. Como desenvolver as habilidades interiores, essenciais para a alta performance esportiva, é o tema de *O jogo interior do tênis*.

UMA TÍPICA AULA DE TÊNIS

Imagine o que se passa na cabeça de um aluno ansioso que tem aulas com um professor também ansioso que está no início da carreira. Suponha que o aluno seja um empresário de meia-idade ambicionando melhorar seu status no clube. O professor se encontra junto à rede, com um grande cesto cheio de bolas de tênis. Ele imagina que seu aluno está analisando se sua aula vale o dinheiro investido e comenta todas as jogadas. "Muito bom, mas você está girando um pouco a face da raquete depois de rebater a bola, senhor Weil. Coloque o peso do corpo sobre o pé da frente enquanto dá a passada em direção à bola… Agora, você está demorando para reposicionar a raquete… Seu backswing deve ser um pouco mais baixo do que desta última vez… Isso, assim está muito melhor." Depois de algum tempo, a cabeça do senhor Weil estará repleta de instruções sobre o que ele deve e o que não deve fazer. A evolução parece agora pouco provável e muito complexa, mas tanto o aluno quanto o professor estão satisfeitos com a análise cuidadosa de cada golpe, e a aula parece valer cada centavo. O professor aconselha: "Treine tudo isso e, enfim, seu jogo vai melhorar muito!".

Confesso que já cometi tais excessos quando era um professor iniciante, mas, certo dia, ao me sentir mais à vontade e relaxado, comecei a falar menos e a prestar mais atenção. Para minha surpresa, os erros cometidos pelo aluno eram corrigidos por ele mesmo, sem que ele percebesse que os cometia, já que eu não havia dito nada. Como aquilo acontecia? Embora eu achasse a descoberta interessante, aquilo não fazia bem para o meu ego, pois eu não conseguia vislumbrar como receberia os créditos pela evolução do meu aluno. E, para piorar, percebi que minhas instruções verbais, algumas vezes, *reduziam* a probabilidade de fazer ocorrer a ação desejada.

Todos os treinadores sabem do que estou falando. Todos têm um aluno que se parece com minha aluna Dorothy. Se eu der uma instrução gentil a Dorothy, sem fazer muita pressão — por exemplo, "Por que você não tenta fazer o movimento de terminação da altura da sua cintura até a altura do seu ombro? O topspin vai impedir que a bola saia da quadra!" —, com certeza, ela vai se esforçar para segui-la. Os músculos ao redor da sua boca vão ficar tensos; as sobrancelhas, franzidas, expressando sua determinação; os músculos de seu antebraço se contrairão, impossibilitando a fluidez; o movimento de terminação ficaria apenas alguns centímetros mais alto do que antes. Depois disso, o comentário-padrão de um professor paciente seria: "Assim está melhor, Dorothy, mas relaxe, não se esforce tanto!". O conselho é bom até certo ponto, mas Dorothy não consegue entender como pode "relaxar" enquanto se esforça para rebater a bola de forma correta.

E por que Dorothy — ou qualquer outra pessoa — experimenta esse tipo de tensão ao executar uma ação que não é fisicamente difícil? O que acontece na mente entre o momento em que a instrução é dada e o momento em que o movimento do braço é executado? A primeira possível resposta a essa importante questão me ocorreu em um momento de raro insight depois de uma aula com Dorothy: "Não sei o que se passa em sua cabeça, mas sei que é demais para ela! Ela está tão empenhada em movimentar a raquete conforme minha instrução que não consegue se concentrar na bola!". A partir daí, prometi a mim mesmo reduzir a quantidade de instruções verbais.

Minha aula seguinte, naquele dia, foi com um iniciante que se chamava Paul, que nunca tinha sequer segurado uma raquete. Eu estava determinado a mostrar a ele como jogar com o mínimo de instruções possível; tentaria deixar sua mente livre de qualquer tensão para ver se o resultado seria diferente. Então, comecei a aula dizendo a Paul que ia tentar algo novo; eu não daria as instruções que geralmente passava nas aulas iniciais, como a maneira de segurar a raquete, o movimento da rebatida e a posição dos pés para o golpe básico de forehand. Em vez disso, eu executaria o forehand dez vezes e pediria a ele que observasse com muita atenção, sem pensar no movimento, apenas tentando capturar visualmente a *imagem* de meu golpe. Ele deveria repetir a imagem em sua mente diversas vezes e então deixar seu corpo imitá-la. Depois que repeti o golpe dez vezes, Paul se imaginou executando o mesmo movimento. Então, quando coloquei a raquete em sua mão, ajustando a empunhadura corretamente, ele me disse: "Percebi que a primeira coisa que você fez foi mover seus pés!". Respondi com um grunhido evasivo e pedi a ele que deixasse seu corpo imitar o meu forehand da melhor maneira possível. Ele soltou a bola, fez um perfeito backswing e a trouxe da forma correta para a frente, mantendo a altura adequada da raquete, e, com uma fluidez natural, terminou o movimento com o braço nivelado ao ombro, o que foi impecável, considerando-se que era sua primeira tentativa! No entanto, ele havia se esquecido de movimentar os pés. Eles estavam na mesma posição inicial, como se estivessem pregados no chão. Eu apontei para eles, e Paul disse: "Ah, sim, eu me esqueci deles!". O único elemento do golpe de que Paul tentou se lembrar foi aquele que ele deixou de executar! Todo o resto foi absorvido e reproduzido sem a necessidade de uma única instrução sequer!

Eu estava começando a aprender o que todos os bons professores e alunos de tênis devem saber: que as imagens são melhores que as palavras, que mostrar é melhor do que falar, que muita instrução é pior do que nenhuma e que o esforço excessivo produz resultados negativos. Mas uma dúvida permanecia: qual é o problema em se esforçar? O que significa se *esforçar demais*?

JOGANDO LIVRE DE PENSAMENTOS

Vamos refletir sobre o que se passa na mente de um tenista ou de uma tenista que está "quente" ou totalmente focada. Ela ou ele estaria pensando em como executar cada golpe? Ela ou ele estaria pensando em alguma coisa qualquer? Veja estas frases que descrevem alguns jogadores em seus melhores momentos: "Ele está fora de si!"; "Ela está jogando com sua intuição!"; "Ele nem parece ter consciência do que fez!"; "Ela não tem noção do quanto está jogando…". O fator comum em todas essas descrições é a indicação de que alguma parte da mente não está tão ativa. Os atletas que praticam outros esportes também usam expressões similares, e aqueles que têm mais alta performance sabem que suas melhores atuações nunca acontecem quando estão pensando em seu desempenho.

Obviamente, jogar sem pensar não significa jogar de modo inconsciente. Isso seria impossível! Na verdade, alguém que está jogando "fora de si" tem mais consciência da bola, da quadra e, quando necessário, de seu adversário. Entretanto, não está pensando em instruções, em como deve bater na bola, em como corrigir os erros anteriores ou repetir as boas jogadas. Ele está consciente, mas não pensa, não está se *esforçando* para acertar. Um tenista nesse nível de concentração sabe para onde quer mandar a bola e não precisa de muito esforço para executar o golpe. Isso apenas acontece — e, em geral, com precisão surpreendente. O jogador parece estar imerso em um fluxo de ações que demanda toda a sua energia, gerando como resultado um desempenho cheio de potência e precisão. A "maré de sorte" persiste até o momento em que o jogador começa a ter consciência dela e a tentar mantê-la; justamente quando ele começa a tentar exercer o controle, ele o perde.

É simples testar essa teoria, caso você não se importe com artimanhas dissimuladas de jogo. Da próxima vez que seu adversário entrar em uma sequência boa de pontos, aproveite a troca de lado de quadra e pergunte a ele: "O que você está fazendo diferente para que seu forehand esteja tão bom hoje?". Se ele morder a isca — e a grande maioria o faz — e começar a pensar em sua movimentação e tentar explicar que o que acontece é que está conseguindo bater na bola no momento certo, que está mantendo seu pulso firme e finalizando o movimento com mais precisão, sua boa sequência chegará invariavelmente ao fim. Ele vai perder o tempo de bola e a fluidez, pois vai tentar repetir aquilo que acabou de dizer que estava fazendo tão bem.

Mas é possível aprender a jogar "fora de si" de maneira intencional? Como estar ciente da ausência de pensamento? Embora pareça ser contraditório, esse estado pode ser alcançado. Uma forma mais apropriada de descrever a mente de um tenista que está "fora de si" é dizer que ela está tão concentrada e tão focada que chega a ficar *tranquila* e *estável*. Ela se associa ao que o corpo está fazendo, e as funções automáticas e inconscientes começam a ser executadas independentemente do pensamento. A mente concentrada não tem espaço para avaliar o desempenho do corpo, muito menos para descobrir como aquilo tudo acontece. Quando um jogador se encontra nesse estado, não é necessário fazer nenhuma interferência para que ele atinja a excelência em seu desempenho, em seu aprendizado e em seu divertimento.

Chegar a esse estado mental é o objetivo do Jogo Interior. Obviamente, será necessário desenvolver habilidades interiores. Contudo, é interessante observar que aprender a se concentrar e a ter auto-confiança pode ser mais valioso do que aprender a executar um potente backhand. O golpe eficaz pode ajudá-lo apenas dentro da quadra, mas ter a capacidade de encontrar bons níveis de concentração sem grande esforço é uma aptidão valiosa para qualquer área de sua vida.

2
A DESCOBERTA DOS DOIS SERES

Um grande avanço em minhas tentativas de compreender a arte da concentração relaxada veio quando eu estava dando uma aula e, mais uma vez, reparei em algo que frequentemente acontecia durante as práticas. Os tenistas têm o costume de falar sozinhos na quadra, e o diálogo é sempre parecido: "Vamos, Tom, rebata a bola à sua frente!".

É interessante descobrir o que se passa na mente do tenista quando isso ocorre. Quem está falando, e para quem? Muitos tenistas falam consigo mesmos na quadra o tempo todo. "Vá em direção à bola!" "Continue jogando no backhand dele!" "Mantenha os olhos na bola!" "Dobre os joelhos!" Os comandos são intermináveis. Para alguns, é como ter na mente uma gravação da última aula. Então, depois que o golpe é executado, outros pensamentos chegam à mente e podem ser expressos da seguinte maneira: "Você é um tosco, não consegue nem acertar a bola!". Um dia, parei para pensar nessa questão e perguntei a mim mesmo: quem está falando com quem? Quem está repreendendo e quem está sendo repreendido? "Eu estou falando comigo mesmo!", diz a maioria dos jogadores. Mas, nesse caso, quem seria "eu" e quem seria "comigo mesmo"?

Não é difícil observar que o "eu" e o "comigo mesmo" são entidades separadas. Caso contrário, não haveria conversa. Então, pode-se dizer que em cada indivíduo existem dois "seres". O primeiro é o "eu", que parece dar as instruções; o outro, o "comigo mesmo", parece executar as ações. E, depois, o "eu" avalia a ação executada. Para facilitar, vamos chamar o "instrutor" de Ser 1 e o "executor" de Ser 2.

Agora, estamos prontos para o primeiro grande postulado do Jogo Interior: o tipo de relacionamento que existe entre o Ser 1 e o Ser 2 de cada atleta é o fator primordial na determinação de sua capacidade de traduzir seu conhecimento da técnica em ação eficaz. Em outras palavras, a chave para um bom tênis — ou para aperfeiçoar qualquer outra coisa — está em melhorar o relacionamento entre o Ser 1 (o instrutor consciente) e o Ser 2, com suas capacidades naturais.

O RELACIONAMENTO TÍPICO ENTRE OS SERES 1 E 2

Imagine que, em vez de serem partes da mesma pessoa, o Ser 1 (instrutor) e o Ser 2 (executor) fossem pessoas diferentes. Como poderíamos caracterizar o relacionamento entre eles depois de testemunhar a conversa a seguir? Imaginemos uma situação em que um jogador está tentando melhorar seus golpes. Ele diz: "Mas que droga! Mantenha a porcaria do pulso firme!". E então, a cada bola que vem em sua direção, o Ser 1 alerta o Ser 2: "Fique firme. Fique firme. Fique firme!". Monótono? Pense em como o Ser 2 está se sentindo! Parece até que o Ser 1 acha que seu companheiro não ouve bem ou que tem memória fraca, ou que é estúpido. E, na verdade, o Ser 2, que é dono da mente inconsciente e do sistema nervoso, ouve muito bem, tem ótima memória e está longe de ser estúpido. Depois de rebater a bola com firmeza uma única vez, ele sempre saberá quais músculos devem ser contraídos para repetir o movimento. Essa é a sua natureza.

E o que acontece durante a execução do golpe propriamente dito? Se você olhar de perto a expressão do jogador, verá que seus músculos da face estão tensos e que seus lábios estão cerrados com força, produzindo uma expressão que indica a tentativa de concentração. No entanto, músculos da face tensos não ajudam na execução do golpe, muito menos na concentração. Quem dá início a esse esforço? O Ser 1, é claro. E por quê? Ele deve dar as instruções, e não executá-las. Mas parece que ele não confia muito no Ser 2 e acaba assumindo todo o trabalho. E é nesse ponto que se encontra o cerne da questão: o Ser 1 não confia no Ser 2, mesmo que este tenha acumulado todo o potencial adquirido até aquele ponto e seja muito mais competente para controlar o sistema muscular do que o Ser 1.

Voltando ao nosso tenista, seus músculos estão tensos em consequência do excesso de esforço, a bola bate na raquete, uma pequena oscilação no pulso faz com que a bola saia longa e vá para fora da quadra. "Seu grosso, você nunca vai aprender a acertar um backhand!", reclama o Ser 1. Por pensar muito e se esforçar em excesso, o Ser 1 provocou tensão e contração muscular no corpo. Ele é o responsável pelo erro, mas joga a culpa no Ser 2 e, por consequência, compromete a confiança que tinha nele. Como resultado, o golpe piora e a frustração aumenta.

"ESFORÇO INTENSO": UMA VIRTUDE QUESTIONÁVEL

Desde crianças, ouvimos as pessoas dizendo que nunca conseguiremos conquistar nada se não nos esforçarmos muito. Então, o que significa dizer que alguém está se esforçando em excesso? Seria melhor se esforçar menos? Com base no conceito dos dois seres, veja se é possível compreender esse aparente paradoxo depois de ler o episódio a seguir.

Certo dia, eu estava refletindo sobre essas questões quando uma mulher veio fazer uma aula comigo. Ela reclamava afirmando que estava prestes a desistir do tênis. Desanimada, ela dizia: "Nunca tive muita coordenação, mas queria jogar o suficiente para poder fazer uma dupla mista com meu marido sem que isso parecesse a ele uma obrigação!". Quando perguntei a ela qual era o principal problema, ela respondeu: "Não consigo bater a bola contra as cordas da raquete. Na maioria das vezes, ela bate no aro!".

"Vamos dar uma olhada", eu disse, pegando meu cesto de bolas. Joguei para ela dez bolas na altura de sua cintura, próximas do corpo, para que ela não precisasse correr. Para minha surpresa, oito das dez bolas bateram direto no aro ou entre o aro e as cordas. Apesar disso, seu golpe era bom. Fiquei intrigado. Ela não estava exagerando. Suspeitei de um problema de vista, mas ela me garantiu que enxergava muito bem.

Então, eu disse a ela que iríamos fazer alguns experimentos. A princípio, pedi a ela para se esforçar ao máximo a fim de acertar a bola no centro da raquete. Eu imaginava que aquilo iria piorar a situação, comprovando minha teoria sobre o excesso de esforço. Porém novas teorias nem sempre são um sucesso; além do mais, não é fácil acertar oito de dez bolas no fino aro de uma raquete. Dessa vez, ela acertou seis bolas no aro. Depois disso, pedi a ela que tentasse acertá-las no aro. E, dessa vez, ela acertou quatro bolas e conseguiu boas rebatidas nas outras seis. Ela ficou surpresa, mas aproveitou a oportunidade para criticar o Ser 2, dizendo: "Ah, nunca consigo fazer nada do que tento!". Na verdade, ela estava descobrindo um fato importante. Ficou claro que o método que ela utilizava não era apropriado.

Antes de iniciar a próxima sequência, fiz um pedido a ela: "Desta vez, quero que você se concentre nas costuras da bola. Não pense no contato. Na verdade, não se preocupe em acertar a bola. Só deixe a raquete fazer o movimento e rebater, seja qual for a posição, e vamos ver o que acontece!". Ela parecia mais relaxada e, então, conseguiu acertar nove bolas no centro da raquete! Apenas a última bola resvalou no aro. Perguntei a ela se estava pensando em algo quando fez o movimento para acertar a última bola. "É claro", respondeu ela, com a voz animada, "eu estava pensando que poderia, afinal, me tornar uma tenista!" E ela estava certa.

Minha aluna estava começando a perceber a diferença entre o esforço excessivo, que é a energia utilizada pelo Ser 1, e o esforço adequado, utilizado pelo Ser 2. Nessa última sequência, o Ser 1 estava totalmente ocupado com a observação das costuras da bola. Por fim, o Ser 2 pôde realizar seu trabalho sem ser criticado, e o resultado foi muito positivo. E o Ser 1 começava a reconhecer o talento do Ser 2; ela estava conseguindo fazê-los trabalhar em conjunto.

O trabalho mental no tênis requer o aprendizado de algumas habilidades interiores, como 1) ter uma clara visualização dos resultados desejados, 2) confiar no bom desempenho do Ser 2 e aprender com seus sucessos e seus fracassos e 3) observar "de forma imparcial" — ou seja, ver o que está acontecendo, mas não analisar para definir se aquilo é bom ou ruim. Esse trabalho é mais eficaz do que o esforço e a prática exaustivos. Todos os outros fundamentos são coadjuvantes em relação à principal habilidade, sem a qual nada de valor é conquistado: a arte da concentração relaxada.

O jogo interior do tênis vai explorar, a seguir, o aprendizado dessa habilidade, utilizando o esporte como meio.

3

SILENCIANDO O SER 1

Chegamos agora a um ponto crucial, que é o constante pensamento ativo do Ser 1, o ego, que interfere de modo direto nas habilidades naturais do Ser 2. A harmonia entre os dois seres acontece quando esse pensamento está silencioso e focado em algo. Só assim é possível atingir um desempenho de alto nível.

Quando um tenista está totalmente focado, não pensa em como, quando ou onde deve acertar a bola. Ele não está *tentando* acertar a bola e, depois do golpe, não avalia se sua jogada foi boa ou ruim. Rebater a bola é apenas parte de um processo que não demanda raciocínio. Há uma consciência da imagem da bola, do som que ela faz e de sua textura e até mesmo do contexto tático do momento, mas o jogador parece *saber* o que fazer sem ter de pensar.

Veja como D. T. Suzuki, um renomado mestre zen, descreve os efeitos do ego no arremesso com arco em seu prefácio do livro *A arte cavalheiresca do arqueiro zen:*

> Assim que refletimos, deliberamos e formamos conceitos, o estado inconsciente é perdido e o pensamento começa a interferir... A flecha sai do arco, mas não segue diretamente para o alvo, e o alvo já não está no mesmo lugar. O excesso de cálculo acaba levando ao erro...

O homem é um caniço pensante,[3] mas as grandes conquistas acontecem quando não há muito cálculo e raciocínio. É preciso voltar a agir como criança...

Talvez por esse motivo as pessoas digam que a poesia grandiosa nasce do silêncio. Diz-se que a boa música e a grande arte surgem das profundezas silenciosas do inconsciente, e o verdadeiro sentimento do amor é expresso em um campo que está além das palavras e dos pensamentos. E é assim também nos esportes — os grandes resultados aparecem quando a mente está tranquila e silenciosa.

Momentos como esses são conhecidos como "experiências de pico" segundo a psicologia humanista do doutor Abraham Maslow. Ao pesquisar as características comuns de pessoas que vivenciaram experiências desse tipo, ele reportou as seguintes frases descritivas: "Ele se sente mais integrado..." (os dois seres unidos em um), "Sente-se em harmonia com a experiência...", "É relativamente sem ego..." (tem a mente tranquila), "Sente-se no auge de seus poderes...", "É completamente funcional...", "Está no ritmo certo...", "... menos esforço tem sido necessário...", "Está livre de todo bloqueio, de inibição, cautela, medo, dúvida, controle, autocrítica ou impedimento...", "É espontâneo e mais criativo...", "Está mais presente!", "Pratica o não esforço, a não necessidade, o não desejo... Ele apenas é!".

Tente se lembrar de suas experiências de pico. É provável que você concorde que essas frases descrevem bem esses momentos. Você também se lembrará deles como momentos de grande prazer, ou até como um êxtase. Durante essas experiências, a mente não age

---

3. No original, "Man is a thinking reed", talvez em uma alusão à citação do matemático francês Blaise Pascal (1623-1662): "Man is only a reed, the weakest in nature, but he *is a thinking reed*". (N.E.)

como uma entidade separada, dando instruções sobre o que você deve fazer e criticando o modo como você faz. Ela está quieta, vocês estão "unidos", e sua ação flui livremente como um rio.

Quando isso acontece na quadra, ficamos focados, e não há a necessidade de tentarmos nos concentrar. Sentimo-nos espontâneos e alertas. Temos uma segurança interior e sentimos que podemos fazer o que precisa ser feito sem que seja necessário esforço excessivo. Simplesmente *sabemos* que a ação acontecerá e, quando acontecer, não esperaremos elogios; em vez disso, nos sentiremos felizes e gratos em executá-la. Como disse Suzuki, agimos como crianças.

A imagem que vem à minha mente quando falamos em equilíbrio no movimento é a de um gato perseguindo um pássaro. Ele não se esforça para ficar alerta, mas caminha lentamente com os músculos relaxados, antecedendo o ataque. Ele não pensa em qual será a hora certa de saltar nem como vai impulsionar as patas traseiras para atingir a distância desejada. Sua mente se mantém silenciosa e concentrada na presa. Nenhum pensamento passa por sua mente sobre a possibilidade de errar o alvo ou as consequências disso. Ele só enxerga o pássaro. Quando, por fim, o pássaro voa, ele salta. Em uma eficaz antecipação, ele intercepta seu jantar a poucos centímetros do chão. Uma ação impensada, mas executada com perfeição. Não espera nenhum elogio, só a recompensa resultante de sua ação: o pássaro na boca.

Em raros momentos, os tenistas têm a espontaneidade inconsciente do felino. Esses momentos parecem acontecer com mais frequência quando o jogador se encontra próximo à rede, aplicando um voleio. A troca de bolas costuma ser tão rápida nesse trecho da quadra que se torna necessário agir antes de pensar. Esses momentos são emocionantes, e os jogadores ficam impressionados com a eficácia de suas devoluções, contra-atacando golpes que achavam que nem conseguiriam alcançar. No instante desses golpes, é preciso se movimentar rápido e não há tempo de planejar; o golpe perfeito acontece naturalmente. O fato de não planejarem o lance faz com que os jogadores creditem seu sucesso à sorte; no entanto, depois de reiteradas execuções bem-sucedidas, o tenista desenvolve um profundo senso de confiança.

Em resumo, para aumentar a eficácia, é necessário silenciar a mente. Silenciar a mente significa evitar pensar, calcular, julgar, preocupar-se, temer, ansiar, testar, arrepender-se, controlar, agitar-se ou distrair-se. A mente está tranquila quando se encontra no presente, em perfeita unidade com a ação e o executor. O objetivo do Jogo Interior é aumentar a frequência e a duração desses momentos, silenciando a mente aos poucos e proporcionando uma expansão contínua de nossa capacidade de aprender e realizar.

E a pergunta que naturalmente surge neste momento é a seguinte: "Como silenciar o Ser 1 na quadra de tênis?". Como forma de experimento, peço que o leitor deixe o livro de lado por um instante e tente simplesmente parar de pensar. Veja por quanto tempo você consegue ficar com a mente livre de pensamentos. Um minuto? Dez segundos? É bem provável que tenha achado difícil, quase impossível, silenciar por completo a mente. Um pensamento leva a outro, e depois a mais outro, e assim por diante.

Para a maioria das pessoas, silenciar a mente é um processo gradual que envolve o aprendizado de diversas habilidades interiores. Essas habilidades interiores tratam principalmente de se livrar de hábitos mentais que adquirimos desde a infância.

A primeira habilidade que se deve aprender é abandonar a tendência própria do ser humano de julgar a si mesmo e o próprio desempenho como bom ou ruim. Deixar de lado esse processo de avaliação é muito importante para o Jogo Interior; e a justificativa disso virá no decorrer deste capítulo. Quando *desaprendemos* a autocrítica, abrimos caminho para um jogo espontâneo e focado.

LIVRE-SE DOS JULGAMENTOS

Para ver um processo de julgamento acontecer, basta acompanhar uma partida ou uma aula de tênis. Observe com atenção o tenista e perceba que suas expressões revelam os pensamentos críticos passando por sua mente. A sobrancelha franzida indica um golpe ruim, enquanto uma expressão de satisfação revela uma boa rebatida. Em muitas ocasiões, o julgamento é expresso em palavras, e o vocabulário é muito variado, dependendo do jogador e de seu nível de satisfação com seu golpe. Algumas vezes, o julgamento pode ser percebido no tom de voz do atleta, mais do que nas palavras que ele diz. Por exemplo, a frase "Você girou sua raquete de novo!" pode tanto ser uma autocrítica mordaz como uma simples observação, conforme o tom de voz. E imperativos como "Olhe a bola!" ou "Mexa seus pés!" podem tanto ser mensagens de encorajamento ao corpo quanto condenações depreciativas por pontos perdidos.

Para compreender com mais clareza o significado do julgamento, imagine uma partida disputada entre o Jogador A e o Jogador B, intermediada pelo Árbitro C. O Jogador A está sacando seu segundo serviço no primeiro ponto de um tie-break. A bola é longa, e o Árbitro C grita: "Fora. Dupla falta!". Depois de observar seu saque longo e ouvir o grito do juiz, o Jogador A franze a testa, diz algo depreciativo a si mesmo e avalia o serviço como "terrível". Observando a mesma cena, o Jogador B considera que o golpe foi "bom" e sorri. A expressão do Árbitro C permanece inalterada; ele apenas diz que a bola foi para fora porque viu dessa forma.

O importante nesse evento é perceber que os adjetivos utilizados pelos tenistas para descrever o lance não são, de fato, atributos. Eles são avaliações feitas pela mente dos participantes de acordo com suas reações individuais em relação ao evento. O Jogador A, na verdade, está dizendo "Não gostei deste evento!"; e o Jogador B está dizendo "Eu gostei desse evento!". O árbitro, que é ironicamente chamado de juiz, não julga o evento como positivo ou negativo; ele apenas observa a bola cair fora da área de saque e grita. Se o evento ocorrer mais vezes, o Jogador A ficará muito chateado, o Jogador B continuará satisfeito e o Árbitro C, sentado em sua cadeira, vai seguir observando os acontecimentos sem interesse particular.

Nesse caso, julgamento é o ato de atribuir um valor positivo ou negativo ao evento. Isso é o mesmo que dizer que, visto de uma perspectiva pessoal, um evento é avaliado por você como bom, que é quando você gosta dele, ou como ruim, que é quando você não gosta dele. Você não gosta de rebater uma bola na rede, e isso é sempre julgado por você como algo ruim, mas, quando acerta um *ace*, sempre o julga como algo positivo. Sendo assim, julgamentos são pessoais, reações do ego ao que se vê, ao que se ouve, ao que se sente e ao que se pensa durante determinada experiência.

E como isso se relaciona com o tênis? Bem, o ato inicial de julgamento é o que vai dar início ao processo de raciocínio. A princípio, a mente do tenista avalia seu golpe como bom ou ruim. Se o considera ruim, começa a pensar no que havia de errado nele. Depois, a mente começa a falar para si mesma o que deve ser corrigido. Então, ela *tenta* corrigir o erro com afinco, dando instruções ao tenista sobre como executar o golpe. E, por fim, ela avalia, mais uma vez, o resultado. É claro que, nessa situação, a mente não está tranquila e o corpo está tenso com o processo. Caso ela considere que o golpe foi bom, o Ser 1 começa a pensar no que deu certo naquele lance; então, ele tenta induzir o corpo a repetir o processo, dando instruções a si mesmo, tentando com esmero e assim por diante. Ambos os processos acabam em uma avaliação de resultado, o que perpetua o processo de raciocínio e desempenho consciente. Como consequência, a musculatura do atleta fica tensa quando deveria estar relaxada, os golpes ficam artificiais e menos fluidos, e os julgamentos negativos tendem a aumentar em quantidade e intensidade.

Depois de o Ser 1 avaliar diversos golpes, ele tende a fazer uma generalização. Em vez de considerar um evento isolado, como "outro backhand ruim", ele começa a pensar que "seu backhand é horrível". Ou, em vez de dizer para si mesmo "Você estava nervoso neste ponto!", ele generaliza: "Você parece um ator ruim em dia de estreia!". Outras generalizações comuns são "Eu estou tendo um dia ruim!", "Sempre erro os golpes fáceis!", "Sou muito lento!", etc.

É interessante observar como os julgamentos feitos pela mente tendem a se estender. Eles podem começar com um "Que saque péssimo!" e passar a "Meu saque está horrível hoje!". Depois de mais alguns erros, o julgamento ganha extensão e se transforma em "Tenho um saque muito ruim!". Depois, passa para "Sou um tenista fraco!" e, por fim, para "Sou um fracasso!". A princípio, a mente julga o evento; depois, julga os grupos de eventos; então, a combinação desses grupos e, enfim, julga o próprio indivíduo.

Com frequência, esses autojulgamentos tornam-se profecias que acabam se cumprindo. E isso ocorre porque as comunicações vindas do Ser 1 para o Ser 2 são repetidas constantemente, até que se transformam em expectativas ou convicções. E então o Ser 2 começa a corresponder a essas expectativas. Se você disser a si mesmo, diversas vezes, que é um mau sacador, um processo quase hipnótico será desencadeado. É como se o Ser 2 recebesse um papel a desempenhar — o papel de mau sacador — e o desempenhasse da melhor forma possível, escondendo, inclusive, suas verdadeiras habilidades, se necessário. Quando a mente que faz os julgamentos estabelece uma nova identidade com base em suas avaliações negativas, a encenação continua, e o verdadeiro potencial do Ser 2 permanece escondido até que o efeito hipnótico seja quebrado. Em resumo, você começa a se transformar naquilo em que está pensando.

Depois de rebater uma série de backhands na rede, o tenista diz a si mesmo que tem um backhand ruim, ou pelo menos que não está bem naquele dia. Então, ele procura um instrutor para corrigir seu problema assim como um doente procura um médico. Ele espera que o instrutor diagnostique o backhand com defeito e lhe prescreva um remédio que solucione o problema. É o procedimento comum. Na medicina tradicional chinesa, os pacientes visitam o médico quando estão bem, e o papel do médico é mantê-los assim. Da mesma forma, é perfeitamente possível — além de menos frustrante — procurar um instrutor de tênis sem fazer um julgamento sobre o seu backhand, esteja ele como estiver.

Ao receber uma instrução de não fazer julgamentos sobre seu desempenho em um jogo, a mente geralmente protesta: "Mas, se não consigo rebater um backhand dentro da quadra, como vou ignorar meu erro e fingir que está tudo bem?". Este ponto tem de ficar claro: não fazer julgamentos é diferente de ignorar os erros. É necessário observar os eventos de forma neutra, sem adicionar adjetivos a ele. É possível constatar sem julgar que, durante certa partida, você sacou 50% de seus serviços na rede. O fato não foi ignorado. Ele mostra com precisão que seu saque naquele dia foi errático e, a partir disso, pode-se tentar descobrir as causas. O julgamento começa quando se classifica o saque como ruim, provocando um sentimento de raiva, frustração ou desânimo no tenista e interferindo em seu jogo. Caso o processo de julgamento seja interrompido no momento em que o evento é classificado como ruim, sem muitas reações por parte do ego, a interferência é mínima. No entanto, o processo geralmente continua, conduzindo a manifestações de emoção, tensão, excesso de esforço, autocondenação, etc. Essa evolução negativa do processo pode ser desacelerada com o uso de palavras que apenas descrevam os eventos, sem julgá-los.

Quando um jogador muito crítico me procura, tento desconfiar de suas afirmações relativas ao seu "péssimo" backhand ou à sua falta de técnica. Se ele rebater uma bola para fora, vou perceber que ela foi fora e possivelmente também identificar o motivo do erro. Mas é necessário classificar o jogador ou o backhand como ruins? Se eu fizer isso, provavelmente ficarei tão tenso no processo de corrigi-lo quanto ele mesmo. O julgamento resulta em tensão, e a tensão interfere na fluidez necessária para um movimento rápido e preciso. Por sua vez, o relaxamento induz a golpes suaves e leva o tenista a aceitar seu jogo como é, mesmo que não tenha regularidade.

Veja a simples analogia a seguir e procure perceber uma alternativa ao processo de julgamento. Quando plantamos uma semente de rosa na terra, percebemos que ela é pequena, mas não a criticamos por sua falta de raiz ou caule. Procuramos tratá-la como uma semente, fornecendo-lhe a quantidade de água e de nutrientes necessária a uma semente. Quando ela brota, não a criticamos por ser imatura e pouco desenvolvida, nem criticamos os botões por não se abrirem logo que nascem. Apenas contemplamos o processo acontecendo e damos à flor o cuidado necessário em cada estágio de seu desenvolvimento. A rosa é uma rosa desde o estágio de semente até sua morte. E nela, em todos os estágios pelos quais passa, está contido todo o seu potencial. Ela parece estar em constante mutação e, em cada estágio, em cada momento, está perfeita como deve estar.

De maneira semelhante, os erros que cometemos podem ser vistos como parte importante do processo de desenvolvimento. Nosso jogo melhora a cada erro. Até as crises mais sérias são parte do processo. Elas não são eventos ruins, mas podem ser duradouras se as classificarmos assim e nos identificarmos com elas. Como um bom jardineiro, que sabe quando o solo está alcalino ou ácido, o treinador competente deve ser capaz de ajudá-lo no desenvolvimento de seu jogo. Em geral, a primeira coisa que precisa ser feita é lidar com os conceitos negativos que inibem o processo de desenvolvimento natural. Tanto o professor quanto o aluno contribuem para esse processo quando começam a ver e a aceitar as jogadas como elas, de fato, são naquele momento.

O primeiro passo é este: ver seus golpes como eles realmente são. Eles devem ser observados com clareza, e isso só pode ser feito se não houver julgamento individual. Assim que o golpe é visto com clareza e aceito como realmente é, um processo de mudança, rápido e natural, começa a acontecer.

O exemplo a seguir é uma história verídica e mostra o caminho para desbloquear o desenvolvimento natural de seus golpes.

A DESCOBERTA DO APRENDIZADO NATURAL

Em um dia de verão de 1971, eu estava dando aulas para um grupo de alunos no John Gardiner's Tennis Ranch, em Carmel Valley, na Califórnia. Durante uma das aulas, um homem de negócios percebeu que seu backhand ganhava muita potência e controle quando sua raquete era posicionada abaixo da linha da bola, antes do golpe. Ele ficou tão entusiasmado com seu "novo" golpe que foi logo contar a seu amigo, Jack, sua descoberta milagrosa. Jack, que considerava seu irregular backhand um dos maiores problemas de seu jogo, veio me procurar logo depois, no horário do almoço. Ele disse: "Sempre tive um péssimo backhand! Talvez você possa me ajudar!".

Eu perguntei: "Mas o que há de tão errado com seu backhand?".

"Eu deixo minha raquete muito alta no backswing", ele disse.

"E como você sabe disso?"

"Eu sei porque, pelo menos, cinco professores já me disseram isso. Eu só não consigo corrigir o problema."

Por um breve instante, achei aquela situação absurda. Ele era um executivo que controlava empreendimentos comerciais de grande complexidade e estava me pedindo ajuda por não conseguir controlar seu braço direito. Pensei na possibilidade de dar a ele uma resposta simples e objetiva: "Sim, posso ajudá-lo. A-b-a-i-x-e s-u-a r-a-q-u-e-t-e!".

No entanto, reclamações como as de Jack são comuns entre pessoas de todos os níveis de inteligência e proficiência. Além disso, estava claro que, pelo menos, outros cinco professores já haviam pedido para que ele abaixasse a raquete, e ele não obteve sucesso. Mas o que estava impedindo sua execução?

Lá mesmo onde estávamos, no pátio, pedi a Jack que executasse o seu movimento algumas vezes. Seu backswing começava baixo, mas, depois, pouco antes de movimentar a raquete para a frente, ele levantava o braço na altura do ombro e, então, o abaixava para encontrar a bola imaginária. Os cinco professores estavam certos. Pedi a ele que repetisse o movimento mais algumas vezes, sem fazer nenhum comentário. "Está melhor?", ele perguntou. "Tentei manter o braço baixo." Entretanto, em todas as ocasiões, sua raquete subia pouco antes de mover-se para a frente; era óbvio que, se ele estivesse rebatendo uma bola de verdade, o movimento de cima para baixo resultaria em um golpe ineficaz.

"Seu backhand está correto", eu disse, de maneira assertiva. "Parece, apenas, que ele está passando por uma mudança. Você mesmo pode observar isso. Venha aqui!" Caminhamos até uma grande janela de vidro, e eu pedi a ele que fizesse o movimento de novo enquanto observava seu reflexo. Ele fez o movimento, com a habitual elevação do braço, mas dessa vez ficou impressionado: "Ei, realmente, eu ergo muito minha raquete! Ela fica acima do meu ombro!". Não havia julgamento em sua voz, ele apenas relatou com surpresa o que estava observando.

A surpresa de Jack também me surpreendeu. Ele não havia dito que cinco professores já o haviam alertado a respeito do problema? Com certeza, se eu tivesse dito a mesma coisa depois de seu primeiro golpe, ele teria respondido que já sabia. Mas ficou claro que, na verdade, ele não sabia. Do contrário, não ficaria surpreso. Apesar de todas as aulas, ele nunca havia visualizado sua raquete alta na parte de trás do movimento. Sua mente ficou tão ocupada no processo de julgamento e na tentativa de corrigir seu golpe "ruim" que ele nunca tivera tempo de perceber o movimento em si.

Ao observar seu reflexo no vidro, Jack conseguiu manter sua raquete baixa sem muito esforço no movimento seguinte. "Sinto que, agora, o movimento está totalmente diferente do meu antigo backhand", constatou ele. A essa altura, seu movimento era de baixo para cima, repetidamente. Foi interessante notar que ele não estava se elogiando por estar fazendo tudo certo; ele estava apenas surpreso com a diferença que *sentia*.

Depois do almoço, lancei algumas bolas para Jack, e ele conseguiu se lembrar da nova sensação de dar o golpe e repetir a ação. Dessa vez, ele apenas sentia a movimentação da raquete, imitando a imagem que vira no vidro espelhado. Era uma nova experiência para ele, então, ele logo começou a bater, de forma consistente, backhands com efeitos. Ele o fazia com tamanha facilidade que o golpe até parecia um movimento habitual dele. Dez minutos depois, ele estava se sentindo "no ritmo", então, parou para expressar sua gratidão: "Não tenho palavras para agradecer o que você fez por mim. Aprendi mais em dez minutos com você do que em muitas horas de aula focadas em meu backhand!". E eu me enchi de orgulho ao ouvir essas palavras de gratidão. Contudo, ao mesmo tempo, não sabia como lidar com o generoso elogio, então, fiquei gaguejando, tentando tecer uma resposta apropriada e modesta. Assim, minha mente se desligou daquilo e eu percebi que não tinha dado a Jack uma única instrução sobre seu backhand! "Mas o que foi que eu te ensinei?", perguntei a ele. Ele ficou quieto por um longo período, tentando se lembrar do que eu havia dito. Por fim, ele respondeu: "Não me lembro de você ter me dito nada! Você ficou apenas observando e, depois, me induziu a observar também, me levando a ter uma atenção que nunca tive. Em vez de analisar o que estava errado, apenas observei, e a melhoria aconteceu naturalmente. Não sei exatamente o porquê, mas, com certeza, aprendi muito neste curto período!". Ele havia mesmo aprendido. Mas foi necessário "ensiná-lo"? Essa pergunta me intrigou.

Não consigo descrever como estava me sentindo bem naquele momento. Também não saberia explicar o porquê. Cheguei a sentir lágrimas nos olhos. Eu aprendi e ele aprendeu, mas ninguém merecia créditos por isso. Estávamos realizados por ter participado de um maravilhoso processo de aprendizagem natural.

A chave que abriu as portas para o novo backhand de Jack — que estava lá o tempo todo, apenas esperando ser descoberta — foi a atitude de parar de tentar mudá-lo e apenas observá-lo como realmente era. A princípio, com a ajuda do espelho, ele conseguiu *vivenciar* seu backswing. Sem pensar nem analisar, ele aumentou sua consciência sobre aquela parte do movimento. Quando a mente está livre de pensamentos e julgamentos, ela age como um espelho. E apenas nesses momentos podemos perceber as coisas como elas realmente são.

A CONSCIÊNCIA SOBRE A REALIDADE

Há duas coisas que precisamos saber sobre o jogo de tênis. A primeira é onde está a bola. E a segunda é onde está a cabeça da raquete. Uma das primeiras lições que um iniciante no tênis aprende é a importância de observar a bola. É simples: para saber onde a bola está, basta olhar para ela. Não é necessário pensar "Ah, lá vem a bola… Ela está passando por cima da rede e chegando bem rápido. Ela vai quicar perto da linha de fundo, e eu preciso rebatê-la quando ainda estiver subindo!". Não. Você simplesmente deve observar a bola e deixar a devolução adequada acontecer.

Da mesma forma, você não precisa refletir para saber onde a cabeça da sua raquete *deve* estar, embora seja importante sempre ter a consciência de sua posição. Não se pode olhar para saber onde ela está, pois a prioridade é observar a bola. Por isso, você deve *senti-la*. Sentir a raquete vai lhe dar a consciência de onde ela está. Não adianta saber onde ela *deveria estar*, ou o que ela deveria — ou não deveria — fazer. *Sentir* onde ela está é *saber* onde ela está.

Seja qual for a reclamação que o aluno me faz durante uma aula, sempre procuro ajudá-lo tentando fazer com que ele *sinta* e *veja* o que está fazendo — ou seja, procuro melhorar sua consciência sobre a *realidade*. Sigo esse mesmo processo quando meus golpes estão com algum problema. Todavia, para vermos as coisas como elas realmente são, precisamos nos livrar dos nossos óculos de julgamento, sejam eles positivos, sejam negativos. Essa ação desencadeia um processo de desenvolvimento natural que é surpreendente e belo.

Por exemplo, vamos supor que Robin reclame do tempo de sincronia de seu forehand. O caminho óbvio seria dizer a ele o que está errado e tentar corrigir seu erro com instruções como "Leve sua raquete para trás mais depressa!" ou "Faça o contato com a bola a uma distância maior do seu corpo!". Mas, em vez disso, eu pediria a ele para apenas prestar atenção na posição da cabeça da raquete no momento em que a bola quicar em seu lado da quadra. Essa não é uma instrução comum, e é bem provável que o aluno nunca tenha ouvido nada parecido antes. Porém, se sua mente julgadora estiver atenta ao movimento, ele ficará nervoso. O Ser 1 quer fazer a coisa certa, mas fica nervoso quando não tem certeza do que é certo ou errado em uma ação específica. É bem possível que o aluno pergunte onde sua raquete deve estar no momento do quique da bola. Contudo, eu me recuso a responder a essa pergunta e peço a ele que apenas perceba onde está sua raquete naquele momento.

Depois de ele rebater algumas bolas, peço que me diga onde estava sua raquete no momento do quique. A resposta mais ouvida é algo como "Estou demorando muito para levar minha raquete para trás. Sei o que estou fazendo de errado, mas não consigo corrigir...". É uma constatação muito comum em todos os esportes e quase sempre causa grande frustração.

"Esqueça o certo e o errado por enquanto", eu sugiro. "Apenas repare onde está sua raquete no momento do quique." Depois de mais uma série de rebatidas, o aluno costuma perceber alguma mudança... "Estou melhorando, estou afastando minha raquete antes."

"Sim, e onde estava sua raquete?", eu pergunto.

"Não sei, mas eu acho que a estou levando para trás na hora certa... Não estou?"

Incomodada com a falta de um padrão que defina o que é certo e o que é errado, a mente julgadora começa a construir seus próprios critérios. Enquanto isso, a atenção do indivíduo fica presa ao processo de realizar a tarefa de forma correta e deixa de lado o que de fato está acontecendo. Embora ele esteja levando a raquete para trás mais depressa e rebatendo a bola de maneira mais segura, ele ainda não sabe onde está sua raquete. Se permanecer nesse estado, achando que levar a raquete para trás mais depressa é a "solução" de seu problema, o aluno ficará satisfeito por algum tempo. Ele vai sair da aula ansioso para jogar e vai repetir para si mesmo antes de cada forehand: "Leve a raquete para trás mais rápido, leve a raquete para trás mais rápido, leve a raquete para trás mais rápido...". E, por um certo tempo, a frase mágica vai produzir "bons" resultados. No entanto, depois de algumas rebatidas, ele vai voltar a errar e vai ficar intrigado com o que está acontecendo. E provavelmente ele vai voltar a procurar seu professor para obter outra dica.

Portanto, em vez de interromper o processo nesse ponto, em que ainda há julgamento, peço mais uma vez ao aluno que observe sua raquete e me diga exatamente onde ela estava no momento do quique da bola. Quando ele, enfim, observa sua raquete de maneira neutra e focada, consegue sentir o que está de fato fazendo e sua percepção melhora. Então, sem nenhum esforço para corrigir-se, ele vai descobrir que seu movimento desenvolveu um ritmo natural. Na verdade, ele vai encontrar o ritmo certo para si mesmo, que pode ser até diferente daquele considerado por algum padrão universal como "correto". E, ao sair para jogar, ele não precisará repetir a frase mágica. Em vez disso, vai focar sem precisar pensar.

O que esse exemplo tenta ilustrar é que existe um processo de aprendizagem natural que acontece com qualquer pessoa, desde que se permita que ele aconteça. Esse processo está à espera de ser descoberto por todos aqueles que ignoram sua existência. Não é necessário acreditar em minhas palavras, basta desvendá-lo por si mesmo, caso ainda não o tenha feito. Após a descoberta do processo, deve-se confiar nele (este é o tema do capítulo 4). Para descobrir esse processo de aprendizagem natural, é necessário deixar de lado o antigo método de *correção* de erros. Em outras palavras, é preciso esquecer os julgamentos e observar o que de fato ocorre. Será que seus golpes vão melhorar quando forem submetidos a uma atenção livre de críticas? Faça o teste.

E O PENSAMENTO POSITIVO?

Antes de concluir o assunto da mente julgadora, gostaria de tecer alguns comentários sobre o "pensamento positivo". Os prejuízos causados pelo pensamento negativo são muito discutidos hoje em dia. Em livros e revistas, os leitores são aconselhados a substituir o pensamento negativo pelo pensamento positivo. As pessoas são aconselhadas a parar de dizer a si mesmas que são feias, desajeitadas e infelizes, ou seja lá o que for, e a começar a repetir para si mesmas que são atraentes, bem-sucedidas e felizes. A substituição de um hábito que chamo de "hipnose negativa" por seu oposto literal, a "hipnose positiva", pode trazer benefícios em curto prazo, mas sempre tive a impressão de que isso costuma durar pouco.

Uma das primeiras lições que aprendi como instrutor de tênis foi não procurar defeitos nos alunos e em seus golpes. Então, parei de fazer críticas. Em vez disso, passei a elogiar o aluno sempre que podia e fazer sugestões positivas a respeito de como melhorar seus golpes. No entanto, depois de algum tempo, decidi parar de elogiar meus alunos. Essa nova resolução me ocorreu em um dia que eu estava dando uma aula de movimentação de pernas a um grupo de mulheres.

Fiz uma introdução breve sobre autocrítica, e uma das alunas, Clare, me disse: "Entendo que o pensamento negativo seja prejudicial, mas há algo errado em elogiar a si mesmo quando fazemos algo bem feito? E como fica o pensamento positivo?". Minha resposta foi vaga — "Bem, não acho que o pensamento positivo seja tão prejudicial quanto o pensamento negativo!" —, mas, durante a aula seguinte, passei a ver essa questão com mais clareza.

No início da aula, disse às alunas que cada uma delas bateria seis forehands em movimento e que gostaria que elas prestassem atenção em seus pés. "Percebam como seus pés se movem até chegar à posição de rebatida e se há alguma transferência de peso quando batem na bola." Eu disse a elas que não havia um modo certo ou um modo errado em que pensar e que elas deveriam apenas observar o movimento de seus pés com muita atenção. Ao lançar as bolas, não fiz nenhum comentário. Assisti atentamente ao exercício, mas não fiz nenhum julgamento. Nem positivo, nem negativo. As alunas também ficaram em silêncio, observando umas às outras, sem fazer comentários. Elas pareciam estar concentradas no processo de prestar atenção no movimento dos pés.

Depois de uma série de trinta rebatidas, percebi que nenhuma bola havia acertado a rede; elas estavam todas amontoadas em um canto do meu lado da quadra. "Vejam", eu disse, "todas as bolas estão naquele canto, e nenhuma ficou na rede!" Embora se tratasse apenas da observação de um fato, meu tom de voz revelou que eu estava satisfeito com o que via. Eu as estava elogiando e, indiretamente, elogiando meu próprio trabalho.

Para minha surpresa, a aluna que seria a próxima a rebater disse: "Ah, você precisava fazer esse comentário justo na minha vez?". E, embora seu comentário fosse bem-humorado, percebi que ela estava um pouco nervosa. Repeti a mesma instrução e dei início a mais uma série de trinta rebatidas, mais uma vez, sem fazer nenhum comentário. No entanto, dessa vez, notei que suas expressões estavam mais tensas e que a movimentação dos pés parecia menos natural. Depois da trigésima bola, oito bolas haviam parado na rede, e as bolas que passaram estavam bem espalhadas na quadra.

Por dentro, eu me critiquei por ter estragado a magia. E, então, Clare, a garota que havia feito a pergunta sobre o pensamento positivo, exclamou: "Ai, eu estraguei tudo! Fui a primeira a acertar uma bola na rede e, depois, ainda acertei mais três!". Tanto eu como as outras alunas ficamos surpresos, porque aquilo não era verdade. Tinha sido outra pessoa que acertara a bola na rede pela primeira vez, e Clare só havia errado duas rebatidas. Sua mente julgadora havia distorcido sua percepção sobre o que, de fato, havia acontecido.

Então, eu perguntei ao grupo se alguém havia notado algo diferente com seus pensamentos durante a segunda série de bolas. Todas as garotas disseram que prestaram menos atenção nos pés e ficaram mais preocupadas em evitar que a bola acertasse a rede. Elas estavam tentando corresponder a uma expectativa, um padrão do que era certo ou errado, que sentiram que havia sido estabelecido antes. E não havia essa expectativa na primeira série de bolas. Comecei a perceber que meu elogio havia acionado a mente julgadora delas. O Ser 1 e o ego haviam entrado em ação. Com essa experiência, comecei a entender como o Ser 1 funcionava. Sempre em busca de aprovação e evitando críticas, ele vê o elogio como uma crítica em potencial. Funciona assim: "Se o instrutor ficou feliz com determinado desempenho, ele ficará triste com seu oposto. Se ele gosta de mim pelo fato de eu ter alcançado um bom desempenho, ele não vai gostar de mim se eu não o tiver alcançado!". O padrão do que é bom e do que é ruim fica estabelecido, e o resultado inevitável é uma concentração comprometida pela interferência do ego.

As alunas também começaram a perceber a causa da tensão na terceira série de rebatidas. E Clare ficou empolgada com sua descoberta: "Agora estou entendendo!", ela exclamou, batendo com a mão na testa. "Meus elogios são críticas disfarçadas. E estou usando ambos para manipular comportamentos." Ficou evidente que ela havia percebido uma conexão entre a maneira como tratava a si mesma em quadra e suas relações familiares. Uma hora depois, eu a vi conversando de uma forma séria com seu marido.

As avaliações positivas e negativas correspondem umas às outras. É impossível julgar um evento como positivo sem compará-lo com outro negativo, ou menos positivo. E não há como evitar apenas o lado negativo do processo de julgamento. Para ver seus golpes como eles realmente são, não é necessário atribuir qualidades a eles. E o mesmo raciocínio vale para os resultados de seus golpes. Você pode observar com precisão a que distância a bola que você rebateu caiu fora da quadra, mas não precisa classificar esse evento como "ruim". Não julgar é diferente de não ver as coisas como são. Não julgar significa apenas observar de uma forma neutra o que seus olhos testemunham. As coisas são o que são — sem distorções. E, dessa forma, a mente fica mais calma.

Mas o Ser 1 protesta: "Se vejo minha bola indo para fora e não faço uma avaliação negativa, não terei incentivo para melhorar. Se eu não condenar meus erros, como vou corrigi-los?". O ego do Ser 1 quer assumir a responsabilidade de melhorar as ações. Ele quer receber o crédito por desempenhar um importante papel no processo e também sofre muito quando as coisas não acontecem do modo como ele gostaria.

No próximo capítulo, vou abordar um processo alternativo, em que as ações fluem de maneira espontânea e sensata, sem que o ego saia em busca de pontos positivos e tente corrigir os pontos negativos.

A PRIMEIRA HABILIDADE a ser desenvolvida para o desempenho do Jogo Interior é a consciência livre de julgamentos. Quando deixamos de julgar, descobrimos, para nossa surpresa, que não precisamos de motivação para mudar nossos hábitos "ruins". Precisamos apenas estar mais conscientes. Há um processo natural de aprendizagem e de desempenho à espera de ser descoberto. E esse processo pode lhe mostrar o que ocorre quando não há a interferência do esforço consciente excessivo e de seus julgamentos. A descoberta desse processo e sua credibilidade são o tema do próximo capítulo.

Para finalizar, é importante lembrar que nem todas as observações são julgamentos. O *reconhecimento* das qualidades, dos esforços e das conquistas tanto próprios quanto de outras pessoas pode facilitar a aprendizagem natural — diferentemente do que faz o julgamento, que interfere nela. E qual é a diferença? O reconhecimento das próprias capacidades e o respeito por elas contribuem para a confiança no Ser 2. Já os julgamentos do Ser 1, por outro lado, tendem a manipular e a enfraquecer essa confiança.

4
A CONFIANÇA NO SER 2

No capítulo anterior, vimos que o primeiro passo no caminho da harmonia entre o ego e o corpo — ou seja, entre o Ser 1 e o Ser 2 — é deixar de lado o autojulgamento. Somente quando o Ser 1 para de julgar o Ser 2 e suas ações, ele consegue ter uma melhor ideia das capacidades e do funcionamento do Ser 2. À medida que isso ocorre, a confiança começa a surgir e, enfim, emerge o ingrediente básico, embora fugidio, da alta *performance*: a autoconfiança.

DESVENDANDO O SER 2

Por um instante, deixe de lado suas opiniões sobre seu corpo. Não importa se você se acha desajeitado, descoordenado, mediano ou incrivelmente fantástico. Pense apenas no que seu corpo faz. Enquanto você lê este texto, seu corpo está desempenhando diversas ações coordenadas. Seus olhos se movimentam naturalmente, capturam as imagens em branco e preto e as comparam com o que está registrado em sua memória. Depois, elas são traduzidas em símbolos e, então, conectadas a outros símbolos para que seja obtido um significado. Milhares de operações como essa estão acontecendo em questão de segundos. Ao mesmo tempo, sem que você faça nenhum esforço consciente, seu coração está batendo e o ar está entrando e saindo de seu corpo, mantendo um complicado sistema de órgãos, glândulas e músculos em pleno funcionamento. Também sem um esforço consciente, bilhões de células do seu corpo se reproduzem e combatem doenças.

E, se você caminhou até a poltrona e acendeu uma lâmpada antes de começar a ler, seu corpo coordenou diversos movimentos musculares para desempenhar essas ações. O Ser 1 não precisou instruir o seu corpo a respeito da distância que o braço precisaria percorrer até que o dedo alcançasse o interruptor; você já conhecia seu objetivo, e seu corpo fez apenas o que era necessário, sem que fosse preciso pensar. O processo pelo qual seu corpo passou para aprender a executar essas ações não é diferente do processo que ele deve passar para aprender a jogar tênis.

Vamos refletir sobre a complicada série de ações desempenhada pelo Ser 2 durante uma devolução de saque. Para compreender como será o movimento dos pés, e se a raquete deve ir para a direita ou para a esquerda, o cérebro precisa calcular, em uma fração de segundo, o caminho aproximado que a bola vai fazer ao sair da raquete de seu adversário e chegar do seu lado da quadra, para que você a intercepte. Nesse cálculo, deve-se considerar a velocidade inicial da bola, levando-se em conta a diminuição progressiva dessa velocidade, assim como o efeito do vento e de rotação da bola, sem contar as complicadas trajetórias envolvidas. Então, é necessário recalcular cada um desses fatores depois que a bola quicar no solo, para tentar prever o ponto exato em que deverá ser feito o contato dela com a raquete. De forma simultânea, devem-se dar instruções aos músculos — e não apenas uma vez, mas várias vezes, com base em informações o mais atualizadas possível. Por fim, os músculos devem dar a resposta em cooperação uns com outros — há um movimento dos pés, a raquete é levada para trás a uma altura e a uma velocidade apropriadas, a cabeça da raquete é mantida em um ângulo constante enquanto a raquete e o corpo avançam em equilíbrio. O contato com a bola é feito em um ponto exato, que vai depender do objetivo do golpe — rebater a bola cruzada ou paralela —, que será definido apenas depois de uma análise do posicionamento do adversário — feita em uma fração de segundo.

Se o sacador for Pete Sampras, você tem menos de meio segundo para executar todas essas tarefas. E, mesmo que seu oponente não seja tão talentoso, o tempo disponível não passa de um segundo. Acertar a bola já é, por si só, um feito notável; devolvê-la com consistência e precisão é uma façanha louvável. No entanto, não é algo raro de se ver. A verdade é que todos os que habitam um corpo humano já são donos de uma ferramenta extraordinária.

Com base nisso, parece inapropriado depreciar nosso corpo. O Ser 2 — que é o corpo físico, abrangendo o cérebro, a memória (consciente e inconsciente) e o sistema nervoso — é um conjunto extremamente sofisticado de potencialidades. Ele tem uma inteligência interior impressionante, que aprende novas ações com a mesma facilidade que uma criança. Usa bilhões de células e comunicações nervosas para executar suas ações. Nenhum computador tem a capacidade de desenvolver a complexidade das ações físicas realizadas por um tenista iniciante, muito menos a de um profissional.

O que foi dito anteriormente tem apenas um propósito: encorajar o leitor a respeitar seu Ser 2, esse instrumento maravilhoso que alguns têm o atrevimento de considerar "descoordenado".

Se pensarmos em toda a inteligência silenciosa contida nas ações do Ser 2, veremos que qualquer atitude arrogante ou desconfiada que tivermos começa a perder o sentido. E isso ajuda a eliminar as autoinstruções, as críticas e os excessos de controle que, muitas vezes, ocupam a mente e a impedem de se concentrar.

CONFIE EM SI MESMO

Enquanto o Ser 1 ignorar as capacidades do Ser 2 ou for muito orgulhoso para reconhecê-las, isso dificultará o processo de aquisição da verdadeira autoconfiança. Essa falta de confiança do Ser 1 no Ser 2 é a principal causa de interferências, como o excesso de esforço e de cobranças. Com isso, você acaba usando seus músculos de forma exagerada, sua mente se distrai e apresenta uma dificuldade de concentração. Portanto, você deve estabelecer uma nova relação consigo mesmo, com base na máxima "Confie em si mesmo!".

E o que significa confiar em si mesmo dentro de uma quadra de tênis? Não é pensar positivo (você não vai acertar um *ace* em todo saque só porque deseja muito). No tênis, confiar no seu corpo significa *deixá-lo* rebater a bola. A palavra-chave é *deixar*. Confie na competência de seu corpo e de seu cérebro e deixe que eles movimentem a raquete. O Ser 1 não participa do processo. Porém, embora a explicação seja simples, o processo não é assim tão fácil.

Em alguns aspectos, a relação entre o Ser 1 e o Ser 2 se parece com a relação de um pai ou uma mãe com seu filho. Alguns pais têm dificuldades para deixar seus filhos desempenharem determinada atividade quando acreditam que sabem como fazê-la de uma forma mais eficiente. Mas o pai ou a mãe que confia em seu filho e é amoroso deixa-o desempenhar a atividade como ele quer, permitindo, inclusive, que cometa alguns erros, porque confia que ele vai aprender com aquele processo.

Deixar acontecer é diferente de *fazer* acontecer. Não é necessário *forçar*. Não é necessário controlar os golpes. Essas ações são típicas do Ser 1, que costuma assumir o controle quando não confia no Ser 2. E essa troca de papéis é o que provoca a tensão muscular, os movimentos rígidos e desajeitados, o ranger dos dentes e o franzir da face. Como resultado, temos rebatidas erradas e muita frustração. Em geral, quando estamos apenas trocando bolas na quadra, confiamos em nosso corpo porque o nosso ego sabe que aquilo não está valendo nada. No entanto, quando o jogo começa, o Ser 1 assume o controle e, no ponto crucial da partida, começa a duvidar do bom desempenho do Ser 2. Quanto mais decisivo for o momento, mais o Ser 1 vai querer controlar a jogada, e é bem nesse momento que ocorre a tensão. Os resultados são quase sempre decepcionantes.

Vamos analisar um pouco mais esse processo de tensão, que é um fenômeno que acontece com todo atleta, em todo tipo de esporte. A anatomia explica que o músculo tem dois estados: ou ele está relaxado, ou está contraído. Assim como uma lâmpada não pode estar parcialmente apagada, o músculo não pode estar parcialmente contraído. A diferença entre segurar uma raquete de maneira natural ou de forma rígida está na *quantidade* de músculos que estão contraídos. Quantos e quais músculos precisam ser contraídos para acertarmos um saque rápido? Ninguém sabe, mas, se o nosso consciente tentar assumir o controle e escolher quais músculos contrair, inevitavelmente, vai cometer excessos. E, quando usamos em um golpe mais músculos que o necessário, desperdiçamos energia e deixamos de aproveitar a ocasião para relaxar os músculos não utilizados. Por pensar que, para dar um golpe forte, é necessário utilizar muitos músculos, o Ser 1 vai contrair o ombro, o antebraço, o braço, o pulso e até mesmo o rosto, o que, na verdade, *impedirá* que o golpe ganhe força.

Se tiver uma raquete por perto, pegue-a e faça este teste (e, se não tiver uma raquete, use outro objeto, ou apenas faça o movimento com a mão): tensione os músculos de seu pulso e veja se consegue movimentar sua raquete com velocidade. Em seguida, relaxe os músculos e faça o movimento de novo. Nitidamente, o pulso relaxado fica mais flexível. No movimento do saque, a potência é gerada, pelo menos de forma parcial, pela flexibilidade do pulso. Quando alguém tenta intencionalmente colocar força no saque, os músculos do pulso ficam rígidos, comprometendo a velocidade do movimento e diminuindo a potência. Além disso, fica mais difícil completar o movimento, o que afeta o equilíbrio. É assim que o Ser 1 interfere na sabedoria do corpo. Não é difícil imaginar que o saque com o pulso tenso não atende às expectativas do tenista; consequentemente, ele vai tentar aumentar a tensão no saque seguinte, forçando mais músculos e ficando cada vez mais frustrado e exausto, além de correr o risco de desenvolver uma lesão no cotovelo.

Por sorte, as crianças aprendem a andar antes que seus pais comecem a lhes dar instruções sobre como fazê-lo. Desse modo, elas não só aprendem a andar muito bem como também ganham confiança no processo de aprendizagem que estão vivenciando. Os pais observam os esforços de seus filhos com amor e interesse, e, se forem sábios, tentam não interferir. Se pudéssemos aprender a jogar tênis como uma criança aprende a andar, nosso progresso seria bem maior. Quando a criança perde o equilíbrio e cai, os pais não a condenam por ser descoordenada. Eles sequer ficam tristes; apenas observam o fato e eventualmente emitem uma palavra de consolo ou fazem um gesto de encorajamento. E, como consequência, a criança progride no processo de andar sem atrapalhá-lo com a ideia de que é descoordenada.

E por que um tenista iniciante não consegue tratar o seu backhand da mesma forma que um pai afetuoso ou uma mãe amorosa trata seu filho? O truque é não *se associar* ao seu backhand. Se você achar que o problema com seu golpe é reflexo de sua incapacidade como indivíduo, ficará chateado. Mas você não é seu backhand, assim como um pai ou uma mãe não são o próprio filho. Se um pai ou uma mãe considerassem cada queda de seu filho como uma falha pessoal, sua autoimagem seria tão instável quanto o equilíbrio do filho. Os pais encontram estabilidade quando percebem que não são seus filhos e os observam evoluir com amor e interesse, mas considerando-os um ser à parte.

Esse interesse distanciado é essencial para permitir que seu jogo se desenvolva naturalmente. Lembre-se de que você não é o seu jogo de tênis, muito menos o seu corpo. Confie no seu corpo para aprender e para jogar, assim como você confia em outra pessoa para fazer determinado trabalho. Em pouco tempo, ele superará suas expectativas. *Deixe* a flor desabrochar.

Essa teoria deve ser testada, e não apenas aceita. Quando este capítulo estiver mais próximo do fim, vou propor alguns experimentos que lhe darão a chance de perceber a diferença entre *se forçar* a fazer algo e simplesmente *deixá-lo* acontecer. Fica também a sugestão para que cada pessoa elabore seus próprios experimentos a fim de descobrir quanto está disposta a confiar em si mesma, tanto em momentos de descontração quanto em situações de pressão.

DEIXE ACONTECER

A esta altura, o leitor pode estar se perguntando "Como posso 'deixar um forehand acontecer' se eu nem aprendi como executá-lo? Não preciso de, pelo menos, uma aula para que me digam o que devo fazer? Posso entrar na quadra e 'deixar acontecer', mesmo nunca tendo jogado tênis?". A resposta é: se seu corpo sabe bater um forehand, então, *deixe acontecer*; se ele não sabe, *permita que ele aprenda*.

As ações do Ser 2 são baseadas em informações que ele armazenou na memória tanto por experiências próprias quanto por observações. Um jogador que nunca segurou uma raquete precisa deixar a bola bater nas cordas algumas vezes para que o Ser 2 aprenda a distância entre o centro da raquete e o ponto em que sua mão a segura. Todas as vezes em que você bate na bola, de maneira correta ou incorreta, a memória mecânica do Ser 2 captura informações valiosas e as armazena para utilizá-las no futuro. Com a prática, o Ser 2 refina e amplia seu banco de dados na memória. Ele aprende o tempo todo: a que altura a bola quica quando é rebatida com diferentes velocidades e efeitos; quão rápido a bola cai ou sai da quadra; onde ela deve ser rebatida para que vá a determinado ponto do outro lado da quadra. Ele se lembra de todas as ações que realizou e de todos os resultados gerados por elas, desde que tenha prestado a devida atenção e ficado alerta. Em resumo, as dicas mais importantes de que um jogador iniciante deve se lembrar é permitir que o processo de aprendizagem natural aconteça e deixar de lado as autoinstruções graduais sobre seus golpes. Os resultados serão surpreendentes.

Permita-me ilustrar com um exemplo a maneira fácil e a difícil de aprender. Quando eu tinha 12 anos, fui matriculado em uma escola de danças. Lá, aprendia valsa, foxtrote e outros tipos de danças que só são conhecidas hoje pelos mais velhos. As instruções eram mais ou menos assim: "Coloque seu pé direito aqui e seu pé esquerdo ali; depois, junte-os. Agora, transfira seu peso para o pé esquerdo e vire-se", e assim por diante. Os passos não eram complicados, mas tive de praticar por diversas semanas até conseguir dançar sem ficar reproduzindo em minha cabeça aquelas palavras: "Coloque o pé esquerdo aqui, o direito ali, vire-se, um, dois, três; um, dois, três…". Eu pensava em cada passo, dava o comando para mim mesmo e, depois, o executava. Eu mal conseguia perceber a presença da garota em meus braços e demorei algumas semanas até conseguir conversar enquanto dançava.

É assim que a maioria de nós aprende a movimentar os pés e a dar golpes no tênis. Mas esse método é muito lento e entediante! Hoje, o pré-adolescente de 12 anos aprende a dançar de outra forma. Numa noite, ele vai a uma festa, observa seus amigos executando alguns passos de um ritmo da moda e volta para casa dominando aquela dança. Mesmo que os passos sejam muito mais complexos do que os do foxtrote. Imagine o tamanho do manual de instruções necessário para ensinar uma dessas danças modernas! O aluno precisaria ter conhecimentos específicos, quase um doutorado em Educação Física, além de um semestre inteiro para aprender "conforme as regras". No entanto, em vez disso, qualquer um, mesmo que tenha notas baixas na escola, consegue aprender o ritmo sem esforço em apenas uma noite.

E como esse pré-adolescente consegue essa façanha? Primeiro, apenas *observando*. Ele não pensa no que está vendo (por exemplo, no modo como o ombro esquerdo se ergue um pouco enquanto a cabeça se inclina para a frente e o pé direito gira). Ele apenas absorve *visualmente* a imagem que está diante dele. A imagem não passa pela mente; ela parece ser transmitida direto para o corpo, e o garoto leva poucos minutos para fazer na pista os mesmos movimentos que, pouco tempo antes, estava observando. Depois disso, ele *sente* o processo de imitar o que viu. Ele repete o processo algumas vezes: observa, sente e logo começa a dançar sem fazer esforço — totalmente tomado pela ação. E se, no dia seguinte, sua irmã lhe perguntar como é que se dança aquele ritmo, ele vai responder: "Não sei... É assim... Está vendo?". Ironicamente, ele acha que não sabe executar aquela dança porque não consegue explicá-la com palavras. De forma inversa, muitos de nós, que aprendemos tênis por meio de instruções verbais, conseguimos explicar com detalhes como um golpe deve ser dado, mas temos dificuldade para *executar* o que dizemos.

Para o Ser 2, uma imagem vale mais que mil palavras. Ele aprende observando a ação dos outros e também desempenhando suas próprias ações. Quase todos os tenistas já experimentaram jogar acima de suas capacidades depois de assistir a um jogo de profissionais na televisão. Os benefícios trazidos por essa ação não vêm da análise dos golpes dos jogadores de elite, mas, sim, da observação concentrada e livre de pensamentos das imagens diante de seus olhos. No dia seguinte, quando você vai jogar, consegue acertar o tempo da bola, antecipar jogadas e melhorar sua confiança, sem precisar se esforçar ou controlar sua mente.

A COMUNICAÇÃO COM O SER 2

Em resumo, para muitos de nós, é necessário estabelecer uma nova relação com nosso Ser 2. E a construção dessa nova relação implica encontrar novas formas de comunicação. Se a relação anterior era caracterizada pela crítica e pelo excesso de controle, fatores que são sinais de falta de confiança, a nova relação deverá ser baseada em respeito e confiança. Se assim for, a mudança começará a acontecer em nossa *atitude*. Ao analisar a postura crítica do Ser 1, pode-se afirmar que, com seus pensamentos depreciativos, ele diminui (a seus próprios olhos) o Ser 2, enxergando-o como *inferior*. Na verdade, deve-se aprender a olhar o Ser 2 como *superior*. Essa é a atitude de respeito baseada no real reconhecimento de sua inteligência natural e de suas capacidades. Outra palavra que define essa atitude é humildade, sentimento que aparece naturalmente quando estamos na presença de alguém ou algo que admiramos. Quando descobrimos o caminho para esse tipo de atitude, tratando o Ser 2 com todo o respeito que ele merece, os sentimentos e os pensamentos que acompanham a atitude crítica e controladora desaparecem, e isso permite que o Ser 2 atinja sua plenitude. Praticando o respeito, aprende-se a ser respeitado.

No restante deste capítulo, tratarei de três métodos básicos de comunicação com o Ser 2. Uma das premissas básicas da boa comunicação é fazer uso da linguagem mais apropriada. Se o Jogador A quer ter certeza de que sua mensagem vai chegar ao Jogador B, ele vai, se possível, utilizar a língua nativa do Jogador B. E qual é a língua nativa do Ser 2? Com certeza, é uma língua sem palavras! O Ser 2 não aprendeu palavras após seu nascimento. Sua língua nativa é baseada em imagens sensoriais. Os movimentos são aprendidos por meio dessas imagens, que podem ser vistas e sentidas. Portanto, os três métodos de comunicação que discutiremos a seguir envolvem o envio de mensagens orientadas de forma objetiva para o Ser 2 por intermédio de imagens visuais e sensoriais.

FOCO NO RESULTADO

Muitos alunos de tênis se preocupam demais com seus golpes e deixam de dar a devida atenção aos seus resultados. Esses jogadores têm plena consciência dos movimentos realizados para desferir um golpe, mas não se preocupam com a direção que a bola vai tomar. A recomendação para eles é que mudem o foco, deixando de lado os meios e se concentrando no fim. Veja a seguir um exemplo.

Em uma aula em grupo com cinco mulheres, perguntei a cada uma delas o que gostariam de mudar em seu jogo. A primeira delas, Sally, queria melhorar o seu forehand, que, de acordo com ela, "tem estado terrível ultimamente". Perguntei a ela o que exatamente a incomodava em seu forehand, e ela respondeu: "Bem, demoro para levar para trás minha raquete e deixo-a muito no alto. Quando faço o movimento da rebatida, giro demais a raquete; além disso, com frequência, tiro meus olhos da bola e não faço a aproximação dos pés de forma correta!". Ficou claro que, se fôssemos remediar cada um de seus problemas com instruções específicas, a aula deixaria de ser em grupo e se tornaria particular.

Então, perguntei a Sally o que achava dos resultados de seu forehand, e ela respondeu: "Ele não tem profundidade nem potência!". Agora, tínhamos algo que poderia ser trabalhado. Eu disse a ela que achava que seu corpo (Ser 2) já sabia como rebater a bola com profundidade e potência, e que, caso ele não soubesse, aprenderia rápido. Sugeri a ela que imaginasse o arco feito pela bola para que esta quicasse no fundo da quadra adversária, atentando para o quão distante da rede a bola passaria, e que tentasse conservar aquela imagem em sua mente por alguns segundos. Então, antes de ela rebater algumas bolas, eu lhe disse: "Não *tente* jogar a bola no fundo da quadra. Só peça para que seu Ser 2 faça isso e deixe acontecer. Se a bola for curta, não faça nenhum esforço consciente para alongá-la. Apenas deixe rolar e veja o que acontece!".

A terceira bola rebatida por Sally ficou a dois palmos da linha de fundo da quadra. Das vinte bolas seguintes, quinze caíram próximas da linha de fundo, e a cada rebatida elas viajavam com mais potência. Enquanto ela rebatia, tanto eu quanto as outras alunas pudemos perceber todos os elementos que ela havia criticado antes mudando de forma gradual e natural; a raquete recuava mais baixa, sua terminação era nivelada, e ela havia começado a avançar em direção à bola com equilíbrio e confiança. Quando ela terminou as rebatidas, perguntei a ela o que havia mudado. Ela respondeu: "Não mudei nada. Só imaginei a bola passando a cerca de meio metro acima da rede e caindo próximo à linha de fundo, e foi o que aconteceu!". Ela estava feliz e surpresa.

As mudanças realizadas no forehand de Sally ocorreram porque ela deu ao Ser 2 uma clara imagem visual dos resultados que almejava. Depois, deu a instrução a seu corpo: "Faça o que for preciso para conseguir o que desejo!". E tudo o que ela precisou fazer foi *deixar acontecer*.

Obter uma clara imagem dos resultados que você deseja conquistar é um dos métodos mais eficazes de se comunicar com o Ser 2, sobretudo durante uma partida. No meio da competição, não há mais tempo para aprimorar seus golpes, mas é possível manter em mente a imagem de seu golpe direcionando a bola exatamente para o lugar almejado, e, então, deixar seu corpo fazer o que for necessário para acertá-la ali. Para isso, é essencial confiar no Ser 2. O Ser 1 deve estar relaxado, deixando de lado o ímpeto de dar instruções e de fazer algum esforço para controlar os golpes. À medida que ele aprende a deixar a ação acontecer, a confiança na capacidade do Ser 2 tende a crescer.

FOCO NA FORMA

Em algumas situações, pode ser útil ter a capacidade de efetuar mudanças deliberadas em um ou mais elementos de determinado golpe. Esse processo será discutido em detalhes no capítulo 6 — Mudando hábitos.

O processo é bem semelhante ao do foco no resultado. Suponha, por exemplo, que você esteja cometendo o erro de girar, repetidas vezes, sua raquete durante a finalização, sem obter sucesso nas tentativas de correção. Em primeiro lugar, você deve dar ao Ser 2 uma clara imagem do que você quer que ele faça. A melhor maneira de conseguir essa imagem com mais eficiência é segurar a raquete na frente do corpo, como se tivesse acabado de fazer o movimento correto, e observá-la com total atenção por alguns segundos. Pode lhe parecer uma situação embaraçosa, já que você conhece a posição certa da raquete no final da rebatida, mas é essencial gravarmos essa imagem para que o Ser 2 a imite. Depois de gravar a imagem, pode ser útil também fechar os olhos e imaginar o movimento completo, com sua raquete fluindo de forma linear durante o golpe. Então, antes de rebater a bola, movimente a raquete diversas vezes, fazendo com que ela permaneça nivelada, e vivencie essa nova forma de golpear. E, quando chegar a hora de rebater as bolas, é importante não se esforçar para manter sua raquete nivelada. Você já pediu ao Ser 2 que fizesse isso, então, basta *deixar acontecer*! A única obrigação do Ser 1 é ficar tranquilo e observar os resultados de forma imparcial. É importante enfatizar que não se deve fazer nenhum esforço consciente para manter a raquete nivelada. E se, depois de alguns golpes, a posição da raquete não corresponder à posição da imagem que você forneceu ao Ser 2, procure visualizar o resultado de novo e deixe seu corpo movimentar a raquete, mas não tente influenciar o trabalho do Ser 2. E não faça um esforço excessivo para que esse experimento funcione, pois isso vai fazer com que o Ser 1 se envolva no processo, e você nunca saberá se o Ser 2 está trabalhando sozinho ou não.

DUAS EXPERIÊNCIAS

Em vez de apenas entender no aspecto mental a diferença entre *deixar* acontecer e *fazer* acontecer, é importante também experimentá-la na prática. E, para isso, sugiro a execução de dois exercícios.

O primeiro consiste em tentar acertar um alvo fixo com a bola de tênis. Coloque uma lata de bolas no canto esquerdo das linhas da área de saque. Depois, procure descobrir qual é o movimento correto para que seu golpe acerte a lata. Pense na altura da qual a bola deve ser lançada, na angulação apropriada da raquete no momento do impacto, na força do golpe e assim por diante. Então, mire na lata e tente acertá-la. Se errar, tente de novo. Se acertar, tente repetir o movimento que fez para tentar acertá-la mais uma vez. Siga esse procedimento por alguns minutos e você entenderá o que eu quero dizer com "tentar *fazer* acontecer".

Depois de ter concluído a experiência anterior, mova a lata para o canto esquerdo do outro quadrado da área de saque. Para essa segunda etapa do exercício, respire fundo algumas vezes e relaxe. Olhe para a lata. Visualize o caminho que a bola deve percorrer desde sua raquete até ela. Imagine a bola acertando o rótulo da lata em cheio. Se quiser, feche os olhos e imagine-se sacando e acertando o alvo. Repita o procedimento diversas vezes. Não se preocupe se, em sua imaginação, você errar a lata; repita a visualização mental até que você a acerte. Agora, não pense no modo como deverá bater na bola, nem *tente* acertar o alvo. Apenas *peça* ao seu corpo, o Ser 2, que faça o que for preciso para acertar a lata, e deixe-o agir. Não tente exercer nenhum controle nem tente corrigir algum vício imaginário em seu movimento. Apenas confie no seu corpo. Ao lançar a bola para o alto, procure se concentrar em suas costuras e deixe que o serviço apenas aconteça.

A bola pode acertar ou não a lata. Preste atenção no local exato em que ela caiu. Procure se libertar de qualquer reação emocional ao acerto ou ao erro; continue ciente de seu objetivo e tenha interesse específico nos resultados da ação. Então, saque de novo. Se errar a lata, não fique surpreso nem tente corrigir seu erro. Isso é o mais importante. Concentre mais uma vez sua atenção na lata e deixe que o serviço aconteça por si só. Se você conseguir não tentar acertar o alvo, nem se corrigir, e depositar toda a sua confiança em seu corpo e em sua memória, verá que os saques começarão a melhorar naturalmente. Você perceberá que, de fato, existe um Ser 2 agindo e aprendendo, sem que seja necessário instruí-lo. Observe esse processo; observe seu corpo executando as mudanças necessárias para que a bola chegue cada vez mais próximo da lata. É claro que o Ser 1 é muito traiçoeiro, e vai ser difícil evitar que ele interfira um pouco na ação. Mas procure deixá-lo quieto, e você conseguirá testemunhar o trabalho do Ser 2 e ficará tão impressionado quanto eu com o que ele pode fazer e com o modo como o faz com facilidade.

O segundo exercício que recomendo para tomar consciência do Ser 2 começa com a escolha de algum detalhe que você gostaria de corrigir em seu golpe. Por exemplo, escolha um vício de movimento que você tenta corrigir, mas não consegue. Depois, vá para a quadra e peça a um amigo que lhe lance uma série de vinte bolas para que você tente corrigir o vício. Diga a ele o que você está tentando corrigir e peça que observe se há alguma evolução. Faça o máximo de esforço possível; procure fazer o que sempre faz quando tenta corrigir um erro. Vivencie essa experiência. Caso o processo não funcione, perceba como está se sentindo. Procure também observar se você se sente estranho ou tenso durante a ação. Agora, tente colocar em prática suas correções durante uma troca de bolas e, depois, faça o mesmo teste durante uma partida.

Após essa sequência, escolha outro vício que você gostaria de corrigir, ou o mesmo vício da proposta anterior; caso ele não tenha sido corrigido naquela ocasião, será interessante concentrar-se nele de novo. Peça a um amigo que lhe lance de cinco a dez bolas. Dessa vez, não tente mudar seu golpe; apenas *observe-o*. Não faça nenhuma análise, só preste muita atenção; perceba a posição de sua raquete o tempo todo. É possível que aconteçam algumas mudanças nesse simples processo de observação imparcial, mas, caso a correção ainda não tenha sido satisfatória, procure "criar uma imagem da forma desejada". Mostre a si mesmo exatamente o que quer que o Ser 2 faça. Dê a ele uma clara visualização, fazendo lentamente com sua raquete o movimento desejado, e assista a tudo com muita atenção. Depois, repita o processo, mas dessa vez *sinta* exatamente como é mover a raquete dessa nova forma.

De posse da imagem e da sensação do novo movimento, você estará pronto para rebater uma nova série de bolas. Concentre seus olhos e sua mente nas costuras da bola e *deixe acontecer*. Então, *observe* o que acontece. Uma vez mais, não analise; só observe o quão próximo o Ser 2 está de fazer o que você deseja. Se sua raquete não seguiu o traçado imaginado, recrie a imagem do movimento e deixe o golpe acontecer de novo. Continue esse processo e, a cada bola, deixe que o Ser 1 fique cada vez mais relaxado. Você logo perceberá que pode confiar no Ser 2. Vícios antigos podem ser corrigidos em instantes. Depois de cerca de vinte rebatidas, convide seu amigo para uma nova troca de bolas. Certifique-se de não tentar fazer com que a experiência funcione realizando um esforço excessivo para "acertar" o golpe durante a prática; apenas continue a observar a mudança que ocorre em seu movimento. Observe-a com atenção e imparcialidade, como se estivesse assistindo à rebatida de outro jogador. Desse modo, o golpe vai mudar sem nenhum esforço, por meio de um processo suave.

Pode parecer bom demais para ser verdade, mas sugiro que tente e comprove por si mesmo!

É importante falar mais sobre a arte de mudar os hábitos, considerando que essa é uma das principais razões que levam tenistas a gastar tempo e dinheiro em aulas, mas, antes de nos aprofundarmos nesse tema, vamos discutir um terceiro método de comunicação com o Ser 2.

FOCO NA QUALIDADE

No capítulo anterior, destaquei o modo como o processo de julgamento frequentemente se prolonga até formar uma forte imagem negativa de nós mesmos. Esse processo faz com que o tenista acredite que não é um bom jogador e comece a atuar como um jogador inferior, não permitindo nada além do que esporádicas manifestações de suas verdadeiras qualidades. O jogador é hipnotizado por si mesmo e atua como se fosse um jogador muito pior do que é. Entretanto, resultados interessantes podem ser alcançados nesse tipo de situação com uma simples brincadeira pouco convencional.

"O jogo da qualidade" é o nome dessa brincadeira. Para introduzir a ideia, costumo fazer o seguinte discurso: "Imagine que sou o diretor de uma série de televisão. Eu o conheço e sei que você é um ator que joga tênis, então, lhe faço um convite para atuar no papel de um jogador de tênis de sucesso. Garanto que rebatidas para fora da quadra ou na rede não serão problema, já que a câmera estará direcionada a você, e não à bola. Quero apenas que atue com gestos e maneirismos de um profissional e que movimente sua raquete com suprema autoconfiança. O mais importante é que, em sua atuação, você não expresse dúvidas. Você deve passar a impressão de que rebate a bola exatamente onde quer. Entre no personagem, bata com força e ignore o destino final de suas bolas!".

Quando um jogador consegue se esquecer de si mesmo e representa o papel que lhe foi atribuído, mudanças notáveis em seu jogo começam a acontecer; com o perdão do trocadilho, pode-se dizer que as mudanças são dramáticas. Enquanto ele for capaz de se manter nesse papel, perceberá em si qualidades que nunca havia imaginado serem parte de seu repertório.

Há uma importante distinção entre esse tipo de brincadeira e o que é usualmente conhecido como pensamento positivo. Nesse último, você diz a si mesmo que é tão bom quanto Steffi Graf ou Michael

Chang; no entanto, no primeiro caso, você não está tentando se convencer de que é melhor do que acredita ser, você está deliberadamente apenas desempenhando um papel, mas, durante esse processo, pode se tornar mais consciente de suas verdadeiras capacidades.

Depois de praticar tênis por cerca de um ano, a maioria dos jogadores acaba estabelecendo um padrão de jogo e dificilmente consegue mudá-lo. Alguns adotam o estilo defensivo — não medem esforços para recuperar todas as bolas, utilizam muito o lob, jogam a bola no fundo da quadra adversária e raramente tentam um ataque ou marcar um ponto vencedor. O jogador defensivo espera seu oponente cometer um erro e o desgasta aos poucos, lançando mão de uma paciência infinita. Alguns jogadores italianos especialistas em saibro costumavam adotar esse estilo de jogo.

O estilo oposto é o ofensivo. O jogador desse tipo procura a bola vencedora o tempo todo. Em todo saque, ele busca o ace, em toda devolução, uma passada. Voleios e bolas por cima da cabeça devem ser rebatidos próximo às linhas, para "matar" o ponto.

Um terceiro estilo de jogo é denominado "formal". Os jogadores dessa categoria não se importam com a direção de seus golpes, desde que eles tenham plasticidade. Eles preferem executar movimentos perfeitos a vencer uma partida.

O oposto desse último é o estilo competitivo, adotado pelo jogador que vai fazer de tudo para vencer. Ele corre muito e rebate as bolas com o objetivo único de gerar dificuldade para seu oponente, explorando seus pontos fracos mentais e físicos.

Depois de traçar o perfil desses estilos para um grupo de jogadores, costumo sugerir que, como experiência, adotem um estilo que pareça ser o mais diferente de seu modo de jogar. Sugiro também que atuem como um jogador de elite, independentemente do estilo que tenham escolhido. Além de ser muito divertido, esse tipo de brincadeira pode aumentar de forma significativa o repertório do jogador. O jogador defensivo descobre que pode bater bolas vencedoras; o agressivo aprende a jogar com estilo. Descobri que, quando os jogadores fogem de seus padrões, eles estendem os limites de seu próprio estilo e exploram aspectos subjugados de sua personalidade. Ao ganhar acesso às diversas qualidades inerentes do Ser 2, você começa a perceber que pode recorrer a qualquer uma delas quando a situação (dentro ou fora da quadra) demandar.

Evitar julgamentos, dominar a arte de criar imagens e "deixar acontecer" são três das habilidades básicas que compõem o Jogo Interior. Antes de passarmos para a quarta e mais importante habilidade interior — a concentração —, vou dedicar um capítulo a uma discussão sobre técnicas *externas* e sobre como dominar qualquer técnica sem ter de recorrer a pensamentos condenatórios e ao excesso de controle, que, como já percebemos, minam as habilidades naturais do Ser 2.

5
DESCOBRINDO A TÉCNICA

Nos capítulos anteriores, enfatizei a importância de silenciar os pensamentos da mente, deixando de lado as autoinstruções e concentrando as atenções no corpo, confiando nas próprias capacidades. O objetivo, com esses capítulos, foi estabelecer a base para o aprendizado da técnica de maneira mais natural e eficaz. Antes de introduzir técnicas específicas de vários tipos de golpe usados no tênis, gostaria de fazer alguns comentários gerais sobre a relação entre as instruções técnicas e o processo de aprendizagem do Ser 2.

Acredito que a maneira mais sensata de construir um sistema de *instruções* se dá por meio da *aprendizagem natural,* um processo que conhecemos desde o nosso nascimento. Quanto menos uma instrução interferir no processo de aprendizagem que já está em seu DNA, maior e mais eficaz será seu progresso. Ou seja, quanto menos medo e dúvida se mesclarem ao sistema de instruções, mais fácil será o passo a passo em direção a uma aprendizagem natural. Uma forma de conhecer melhor esse aprendizado orgânico é observar como as crianças adquirem conhecimento sobre algo antes mesmo de receber qualquer instrução, ou analisar como os animais passam ensinamentos a seus filhotes.

Certa vez, eu estava passeando no zoológico de San Diego e tive a oportunidade de observar uma mãe hipopótamo dando a seu filhote o que parecia ser sua primeira aula de natação. Na área de maior profundidade de um tanque de água, havia um hipopótamo boiando. Apenas seu focinho estava acima da superfície. Em um determinado momento, ele afundou e ficou submerso por cerca de vinte segundos. Depois, deu um impulso com as patas traseiras e voltou de novo à superfície. Próximo a ele, a mãe hipopótamo amamentava seu pequeno bebê, tomando um banho de sol. Aproveitando o embalo do colega, ela decidiu empurrar o filhote para dentro do tanque com o focinho. O pequeno animal caiu e logo afundou como uma pedra; sem pressa, a mãe se dirigiu até a parte rasa da piscina e entrou na água. Depois de aproximadamente um minuto, ela alcançou o filhote e começou a guiá-lo para a superfície com a ajuda do focinho. O pequeno respirou fundo e afundou de novo. A mãe repetiu o processo, mas, desta vez, dirigiu-se à parte funda do tanque, demonstrando saber que seu papel naquele processo de aprendizagem havia acabado. De volta à superfície, o bebê hipopótamo respirou fundo e, mais uma vez, afundou; depois de algum tempo, projetou-se em direção à superfície, utilizando suas pequenas patas traseiras para dar impulso, e praticou aquela sua nova habilidade diversas vezes.

Parecia que sua mãe sabia exatamente o momento de lhe mostrar como fazer, o momento de encorajá-lo e o de sair de cena. Ela sabia que podia confiar no instinto do bebê depois que o "pontapé inicial" fosse dado. E, embora eu não me arrisque a afirmar que um backhand cheio de efeito já esteja gravado em sua estrutura genética, posso dizer com segurança que o processo de aprendizagem que o levará até ele está, sim, presente em seu corpo como um código genético e que você fará bem em reconhecer e respeitar esse processo. Tanto um professor quanto um aluno vão ter maior identidade com seu jogo e ser mais eficazes quando estiverem em harmonia com esse processo.

QUAL É A ORIGEM DAS INSTRUÇÕES TÉCNICAS?

O tênis foi trazido da Europa para o continente americano no fim do século XIX. Naquela época, não havia professores para ensinar o esporte. Eram os melhores jogadores quem transmitiam aos tenistas mais novos as impressões que assimilavam ao executar suas jogadas. Para compreender o uso adequado do conhecimento técnico ou da teoria, acredito ser importante reconhecer que, fundamentalmente, a prática precede a teoria. Podemos ler livros e revistas com instruções técnicas antes de sequer segurar uma raquete, mas de onde vieram essas instruções? Não se originaram, em dado momento, a partir da experiência de alguém? Seja por acidente, seja intencionalmente, alguém rebateu a bola de determinada maneira, e a sensação foi boa e o resultado foi positivo. Por meio da experimentação, esse golpe foi gradualmente aperfeiçoado e, enfim, transformado em um golpe que poderia ser reproduzido outras vezes.

E, possivelmente com o objetivo de repetir esse modo de golpear a bola e passar as instruções de como fazê-lo para outras pessoas, alguém tentou descrevê-lo com *palavras*. No entanto a linguagem é capaz apenas de *representar* a ação, as ideias e as experiências. A linguagem *não* é a ação, e pode, no máximo, sugerir toda a sutileza e a complexidade contidas em um golpe. Embora a instrução assim concebida possa ser armazenada na parte do cérebro que trabalha com a linguagem, deve-se ter ciência de que se lembrar de uma instrução não é a mesma coisa que se lembrar de um golpe propriamente dito.

Claro, é conveniente pensar que, se recebermos uma instrução detalhada — "bater de baixo para cima", por exemplo —, seremos capazes de rebater, várias vezes, ótimos backhands cheios de efeito. Preferimos confiar no processo conceitual de aprendizado do Ser 1 a confiar no aprendizado com base na experiência do Ser 2. Acreditamos que conseguimos dar um bom golpe porque seguimos determinadas instruções, ignorando o papel desempenhado pelo Ser 2, e acabamos frustrados quando seguimos de novo a mesma instrução e o golpe não sai da mesma forma. Pelo fato de aceitarmos aquela instrução como correta, chegamos à conclusão de que erramos porque não a seguimos à risca. E, assim, sentimos raiva de nós mesmos, depreciamos nossas capacidades, consideramo-nos estúpidos e lançamos mão de diversas maneiras de nos culpar pelo erro.

Mas talvez o erro tenha sido não confiar o suficiente no Ser 2 e deixar o Ser 1 assumir o controle. É como se nos considerássemos uma máquina obediente, em vez de um ser humano. Como consequência, acabamos perdendo o acesso direto à memória muscular, que carrega um conhecimento mais completo sobre uma ação desejada. Nossa sociedade tornou-se extremamente orientada para a linguagem como uma representação da verdade, e isso pode nos fazer perder o acesso à nossa capacidade de sentir o golpe ou de lembrar naturalmente como executá-lo. Acredito que essa lembrança é fundamental para provar nossa confiança no Ser 2, sem o qual a excelência em qualquer habilidade não se sustenta.

Quando se passa uma instrução verbal a uma pessoa que não tem em seu banco de memória a ação descrita, não ocorre uma conexão entre sua mente e a instrução. Há, então, uma separação completa entre a teoria e a ação. (Lembro-me das frases do poema "Os homens ocos", de T.S. Eliot:[4] "Entre a ideia / e a realidade / Entre o movimento / e a ação / tomba a sombra".)

E, à medida que começamos a usar as instruções para julgar os nossos golpes em vez de nos atentarmos às lições da experiência, aumentamos ainda mais a lacuna entre a prática e a teoria. Se utilizada de forma conceitual, na forma de "você deve fazer" ou "você não deve fazer", a instrução coloca uma sombra de medo no Ser 2

---

4. T.S. Eliot (1888-1965), crítico, escritor e dramaturgo, foi um dos representantes mais importantes do modernismo literário inglês. (N.E.)

e inibe seu conhecimento intuitivo sobre a ação. Muitas vezes, me deparo com alunos que têm ótimos golpes, mas reclamam por achar que estão fazendo algo "errado". Na tentativa de aproximar seus fundamentos do que é conceitualmente "correto", eles mudam a forma de golpear e seu golpe acaba perdendo potência e consistência, além, é claro, da naturalidade.

Em resumo, se perdermos o contato com a nossa capacidade de sentir as ações que executamos, confiando cegamente nas instruções, poderemos comprometer seriamente o canal de acesso ao nosso processo de aprendizagem natural e à nossa capacidade de desempenhá-lo. Se, em vez disso, rebatermos a bola confiando nos instintos do Ser 2, reforçaremos o caminho natural e simples que leva a um golpe excelente.

Embora esse tema tenha sido abordado apenas de forma teórica até agora, o departamento de ciências esportivas da United States Tennis Association Sports (assim como a grande maioria dos tenistas) confirmou recentemente que o excesso de instruções verbais — dadas pelo próprio jogador ou por outra pessoa — interfere na capacidade de execução de um golpe. Também é de conhecimento geral que, se as mesmas instruções verbais forem dadas a dez pessoas diferentes, serão entendidas de dez formas diferentes. Além disso, o excesso de esforço em executar uma única instrução que não tenha sido bem entendida pode tornar o movimento estranho e tenso, inibindo sua excelência.

Nos capítulos anteriores, expliquei que se pode adquirir muito conhecimento técnico por meio de uma aprendizagem natural, pela simples observação atenta do corpo, da raquete e da bola durante a prática. Quanto mais consciência um jogador tiver de determinada ação, mais aprenderá com a experiência e mais naturalmente descobrirá a técnica que funciona melhor para ele, seja qual for o estágio de desenvolvimento em que estiver. Resumindo: não há como substituir o aprendizado baseado na experiência. Contudo, mesmo que tenhamos essa habilidade de aprender as coisas naturalmente, muitos de nós já a esquecemos e perdemos o contato com o processo de sentir. Talvez precisemos restabelecer o processo de sentir e aprender de maneira orgânica. Os dizeres de um velho mestre são pertinentes aqui: "nenhum professor é maior que a própria experiência de alguém".

COMO FAZER BOM USO DAS INSTRUÇÕES TÉCNICAS

Resta saber como o maior nível de experiência de uma pessoa pode ajudar outra. Uma resposta breve é que uma instrução válida, vinda da experiência de outra pessoa, ajuda quando *guia* o aluno em direção à sua própria descoberta experimental para determinado golpe. Do ponto de vista do aluno, o desafio está em saber ouvir as instruções técnicas e usá-las sem cair nas armadilhas de julgamento, dúvida e medo do Ser 1. Já para o instrutor ou para o técnico, a questão principal é saber como dar as instruções de forma a ajudar o processo de aprendizagem natural do aluno e não interferir em sua evolução. Quando se alcança melhor compreensão dessas tarefas, é possível utilizá-las em diversos domínios, muito além do tênis.

Vamos começar com uma instrução muito simples e comum utilizada por diversos instrutores: "Mantenha seu pulso firme ao bater o backhand!". É bem provável que essa instrução tenha se originado de uma observação cuidadosa sobre a respectiva consistência e a potência de um backhand dado com o pulso firme, em comparação com o golpe dado com o pulso solto e flexível. Por mais que, à primeira vista, possa parecer óbvia, vamos analisar essa instrução antes de aceitá-la como um dogma. É possível rebater um backhand com o pulso frouxo demais para controlar o golpe? Provavelmente, sim. Mas é possível também rebatê-lo com um pulso firme demais? Sim, é claro que é possível. Portanto, por mais útil que a instrução possa parecer, não se pode obter sucesso simplesmente "obedecendo" a ela. Em vez disso, você usa a instrução para *guiar sua busca* pela firmeza ideal do seu pulso no golpe. E isso é feito por meio da atenção que você dedica à *sensação* que seu pulso experimenta durante a execução do golpe. Não é preciso necessariamente traduzir em palavras. Você vai acertar algumas bolas com o pulso muito solto, talvez acerte outras com o pulso muito tenso e, depois de alguns testes, vai encontrar a firmeza ideal para você e ficará satisfeito com isso. Seria muito difícil traduzir em palavras a medida exata da firmeza que você considera ideal para seu golpe; você apenas se lembra dela por intermédio do que *sente*.

É totalmente diferente de *obedecer* a uma instrução. Se acredito no dogma que manda manter o pulso firme, e se de fato meu pulso está muito solto, devo perceber uma melhora logo nos primeiros golpes em que mantiver o pulso mais firme. Então, poderei dizer a mim mesmo: "Manter o pulso firme é bom!". Nos golpes subsequentes, digo a mim mesmo que meu pulso tem de estar firme. No entanto, eu já havia ajustado a firmeza antes, e agora acabo deixando firme demais. Logo percebo que o excesso de força está tensionando meu braço, meu pescoço, minhas bochechas e meus lábios. Porém, continuo obedecendo à instrução, então, qual é o problema? Dentro de alguns instantes, alguém terá de me pedir para relaxar. Mas qual é o nível certo de relaxamento? Nesse momento, começo a me ajustar em outra direção e, de novo, acabo com o pulso frouxo demais.

Portanto, a verdadeira utilidade do conhecimento técnico é indicar uma direção que nos ajude a alcançar o objetivo almejado. Essa direção pode ser indicada verbalmente ou demonstrada com ações, mas deve ser compreendida como uma aproximação do *objetivo*, que o jogador só alcançará ao prestar atenção em seus golpes e sentir qual é a melhor maneira de executá-los. Para passar uma instrução como "mova a raquete de baixo para cima para produzir efeito" e evitar que o Ser 1 assuma o controle, deve-se, antes, demonstrar ao aluno, movimentando seu braço e sua raquete, aquilo que as palavras vão tentar traduzir. Então, diga: "Não se esforce para fazer esse movimento, só observe se sua raquete está indo de baixo para cima, de cima para baixo, ou se está ficando no nível da bola!". Depois que ele executar alguns golpes da maneira correta, procure concentrar a atenção de seu aluno nesse movimento de baixo para cima em mais alguns golpes. Dessa forma, ele vai vivenciar a relação entre a proporção da elevação da raquete e a quantidade de efeito gerado e será capaz de explorar as possibilidades de variação e descobrir o que funciona melhor para ele, sem ficar restrito pela ideia de que deve haver uma forma correta específica a ser seguida.

Se você pedir a diversos instrutores de tênis que descrevam os elementos mais importantes que constituem um forehand, a maioria deles vai lhe fornecer, sem grandes dificuldades, uma lista com pelo menos cinquenta itens divididos em categorias. Imagine o desafio que o aluno terá ao lidar com essa complexidade. Não é por acaso que muitos ficam inseguros! Por outro lado, é bem mais fácil compreender o movimento e se lembrar de qual é a sensação de executá-lo. É como memorizar uma fotografia. A mente tem essa capacidade e também consegue reconhecer quando um elemento de uma fotografia está um pouco diferente de um elemento de outra. Outra vantagem de utilizar a consciência para "descobrir a técnica" é que fica mais fácil evitar os aspectos controladores e críticos do Ser 1, que sempre vai preferir fórmulas a sentimentos.

No restante deste capítulo, oferecerei algumas instruções técnicas que podem ajudá-lo a descobrir a maneira mais eficaz de executar cada um dos diversos tipos de golpes do tênis. A ideia não é passar todas as instruções necessárias para uma execução perfeita, mas, sim, fornecer apenas o suficiente para que se entenda como fazer uso de *qualquer* instrução técnica de qualquer fonte. A instrução deve ser o meio pelo qual você descobrirá *seu* golpe ideal.

Antes de começar, permita-me resumir os requisitos externos do tênis. O tenista precisa preencher apenas dois requisitos para ser bem-sucedido: bater a bola por cima da rede e dentro da quadra adversária. O único objetivo da técnica de execução de golpes é preencher esses dois requisitos com ritmo, consistência e precisão suficientes, para proporcionar dificuldade máxima ao oponente. Para simplificar, vamos analisar o que precisa ser feito para que nosso forehand e nosso backhand mandem a bola por cima da rede e para dentro da quadra adversária. Você verá que as técnicas que eram amplamente reconhecidas como as mais apropriadas mudaram consideravelmente com o passar dos anos. Em outras palavras, os dogmas foram deixados de lado.

BOLA DE FUNDO DE QUADRA (*GROUNDSTROKE*)

EMPUNHADURA

Se perguntarmos a dez tenistas por que eles seguram a raquete em uma posição quando fazem o forehand e em outra posição quando fazem o backhand, a maioria deles provavelmente nos dirá que leu alguma instrução relativa a isso em um livro ou em uma revista, ou ainda que um professor lhe ensinou assim. Embora determinada instrução possa ser considerada "correta", fica difícil entender por que a empunhadura deve mudar sem vivenciar os golpes, e o aluno nunca vai conseguir descobrir a posição que melhor lhe serve se não experimentar.

Muitas informações sobre a empunhadura estão disponíveis na literatura técnica. Um dos motivos que levam o tenista a mudar a empunhadura em cada golpe é a tentativa de melhorar o encaixe entre a mão e a raquete. Mas uma mão nunca é igual a outra; por isso, a posição exata da empunhadura deve ser ajustada de acordo com a mão de cada indivíduo para que o suporte e o ângulo da raquete sejam ideais.

O mesmo raciocínio vale para a força com a qual você segura a raquete. Agora, tente traduzir o uso adequado da força em palavras! A tentativa mais bem-sucedida que encontrei foi uma instrução sobre esgrima dada a Cyrano de Bergerac:[5] "Segure o florete como [se fosse] um pássaro: não tão solto que permita a ele voar, nem tão apertado a ponto de matá-lo". É uma metáfora interessante. Na verdade, a única forma de descobrir qual é a pressão ideal a ser aplicada no cabo da raquete se dá por meio da experiência. Só durante a prática é que se pode identificar o que é confortável e eficiente na execução do golpe.

As pessoas que acompanham a evolução da empunhadura "correta" ao longo dos anos devem ter percebido a predominância de um tipo de posição denominado *eastern grip* para o forehand (como se fosse dar um aperto de mãos, com o dedão formando um V e o indicador mais alto na raquete, afastado dos outros dedos). Embora esta seja a empunhadura considerada oficial pela United States Tennis Association, muitos tenistas a abandonaram e utilizam agora a *semi-western grip* (para jogadores destros, um giro de raquete de aproximadamente um quarto de volta para o lado direito em relação à *eastern grip*). Como esses tenistas passaram a usá-la? E por que continuaram a fazê-lo? Será que eles a *descobriram* e sua experiência demonstrou que seu uso era o mais indicado? Eles romperam um dogma não porque ele estava errado, mas porque acharam algo melhor para eles.

TRABALHO DE PÉS

O trabalho de pés é um elemento essencial para uma execução bem-sucedida de qualquer golpe no tênis. É a base que sustenta o movimento do corpo quando este volteia para acertar a bola. Muito tem sido escrito sobre este tema, e não é difícil cair na armadilha de

---

5. Cyrano de Bergerac é o personagem principal da peça de teatro homônima escrita em 1897 pelo dramaturgo francês Edmond Rostand (1868-1918). (N.E.)

obedecer cegamente às infinitas instruções e acabar movendo os pés de maneira confusa e desengonçada. Nossa abordagem será diferente.

A técnica de trabalho de pés mais utilizada e ensinada pelos professores para a execução de um backhand mudou pouquíssimo nos últimos vinte anos. Para tenistas destros, a instrução é a seguinte: "faça o golpe com seus pés em movimento, em direção à bola, formando um ângulo de cerca de 45 graus e mantendo-os confortavelmente separados". É comum também ouvir que, "se os pés estiverem muito próximos um do outro, o jogador perde o equilíbrio" e que "o peso do corpo deve ser transferido do pé de trás para o pé da frente à medida que você se move para rebater a bola". Supondo que essas duas últimas instruções possam ser guias úteis no aprendizado da técnica do trabalho de pés, resta agora saber a melhor forma de utilizá-las. Em primeiro lugar, devemos resistir à tentação de obedecer a elas cegamente. O primeiro passo é a observação atenta de seu próprio trabalho de pés, sobretudo com relação a uma das variáveis das instruções, como, por exemplo, a *transferência* de peso no movimento. Sem fazer nenhuma mudança consciente em sua distribuição de peso, observe como ela ocorre. Continue a observar e perceba que talvez ocorram algumas mudanças de imediato, se forem, de fato, necessárias. Deixe o Ser 2 experimentar até que ele descubra o que funciona melhor para você.

Podemos usar o mesmo método para descobrir o ângulo adequado. Ciente do que é um ângulo de 45 graus, você pode apenas observar o ângulo formado pelo pé que está à frente ao pisar durante a aproximação para o golpe. Caso perceba, nessas observações iniciais, que seu pé está formando um ângulo maior ou menor do que o recomendado, não faça nenhuma mudança forçada. Deixe apenas que o Ser 2 encontre o ângulo que o faça se sentir mais confortável. Você pede, ele executa. Esteja preparado para talvez descobrir que o que funciona melhor para o Ser 2 não está em conformidade com as instruções. E esse mesmo raciocínio pode também ser utilizado para o trabalho de pés na execução do forehand.

De um modo diferente do que ocorreu com o backhand, o trabalho de pés considerado correto para o forehand mudou drasticamente nos últimos vinte anos. Quando a primeira edição deste livro foi publicada, era amplamente ensinado que o trabalho de pés do forehand deveria ser semelhante ao do backhand, mas que a aproximação deveria ser feita com o outro pé, nos mesmos 45 graus de angulação. Com certeza, foi assim que aprendi, há mais de cinquenta anos. Na verdade, quando aprendi, os passos "corretos" do trabalho de pés eram pintados em um tapete preto de borracha. Para aprender o trabalho de pés correto para a movimentação do corpo no forehand, eu tinha de posicionar meus pés dentro das indicações pintadas no tapete e repetir o movimento inúmeras vezes, até conseguir executá-lo sem olhar para as marcas. Depois disso, testava o movimento durante a aula em quadra. Se não conseguisse reproduzir os exatos movimentos, recebia instruções corretivas do professor.

Hoje em dia, há duas novas alternativas bem aceitas de trabalho de pés para o forehand. Uma delas é chamada de "postura aberta", ou *open stance*, e foi descoberta e propagada por tenistas especialistas em saibro. Nesse movimento, o peso do corpo é concentrado no pé direito, ou no pé de trás, e não transferido para o pé da frente. Em vez de pisar em direção à bola com o pé esquerdo, o tenista pisa na horizontal, de forma paralela à linha de fundo, com o pé direito em uma angulação de quase 180 graus. Ele gira os ombros, rotaciona os quadris e, depois, volteia o corpo de maneira circular para o outro lado, fazendo lembrar o movimento de um saca-rolha. Mais fácil de observar do que de descrever, a postura aberta demonstrou-se eficaz nas quadras de saibro e depois foi adotada por muitos jogadores para quadras duras e de grama. Ela tem a vantagem de facilitar a execução do golpe com efeito e de possibilitar um retorno mais rápido ao centro da quadra, já que não é necessário levar o pé esquerdo à frente para finalizar o movimento. Essa nova postura foi especialmente interessante para mim, porque, em minha época de aluno, fui advertido diversas vezes por fazer o forehand dessa forma. Na época, esse trabalho de pés ainda não era "aprovado".

Aprender o trabalho de pés para o forehand de postura aberta, junto a todos os demais elementos que compõem o movimento, seria uma tarefa assustadora se cada componente fosse ensinado individualmente por meio de instruções e, depois, fosse preciso reuni-los. Contudo, fica mais fácil aprender se observarmos alguém que sabe executar bem o golpe, se nos deixarmos testar sem compromisso antes de prestar mais atenção aos detalhes do movimento. Durante esse experimento, é importante ficar livre de qualquer julgamento e não se preocupar com resultados, até que você consiga sentir o movimento como um todo. Só depois disso você concentrará sua atenção nas especificidades do movimento, com vistas a aperfeiçoá-lo. Portanto, quando se sentir pronto, escolha um detalhe do movimento para concentrar seu foco: giro dos quadris, rotação dos ombros, ação do braço, etc. Preste atenção em cada um desses itens de forma isolada, assim como fez com a distribuição de peso sobre os pés na execução do backhand, sem fazer nenhum esforço consciente para seguir algum padrão preestabelecido, e, sim, permitindo-se descobrir a maneira mais confortável e eficaz para seu corpo executar a ação e a que mais se adéque à sua personalidade.

Dominar a execução do forehand de postura aberta não significa que você tenha de usá-lo sempre ou que deva adotá-lo como a maneira correta. A outra técnica de execução do forehand é a de "postura semiaberta", ou *semi-open stance*. Nesse movimento, o ângulo entre os pés e a linha de fundo é de 90 a 100 graus. É claramente um meio-termo entre o trabalho de pés tradicional e o do forehand de postura aberta e, por consequência, oferece algumas das vantagens de cada um deles. Você pode dominar a execução dos três movimentos e usá-los conforme achar apropriado. Mas lembre-se de que a escolha é sua, portanto, em vez de tentar se adequar aos modelos preestabelecidos para cada golpe, você deve adaptar os modelos ao seu jogo para descobrir e desenvolver as habilidades que você deseja desenvolver. Do contrário, seu potencial como jogador e como aluno será reduzido.

Quando se aprende a utilizar a simples atenção para aprender qualquer aspecto técnico do jogo, com ou sem o auxílio das instruções técnicas como guia, fica fácil descobrir pequenos detalhes da ação para focar sua atenção e usar o processo, também simples, do aprendizado com base na experiência. Alguns pontos focais cruciais para a execução de um groundstroke (ou rebatida no fundo de quadra) foram listados, e eu os apresento a seguir. Você pode extrair novas instruções de revistas ou de livros sobre tênis e adicioná-las à lista.

CHECK-LIST INCOMPLETO DE UM *GROUNDSTROKE*

1. **Backswing** (recuo da raquete) — Onde exatamente está a cabeça da raquete quando ela está recuada por completo? Onde está a bola no início do backswing? O que acontece com a face da raquete durante o movimento de recuo?

2. **Impacto** — Você consegue sentir em que ponto da raquete a bola está batendo? Como está sua distribuição de peso? Qual é o ângulo da face da raquete no momento do impacto? Por quanto tempo você pode sentir a bola em contato com a raquete? Até que ponto você consegue sentir o tipo e a quantidade de efeitos aplicados na bola ao executar o golpe? Quão consistente é o golpe ou quanta vibração é enviada pelo seu braço ao executar o golpe? A que distância você está da bola no momento do impacto?

3. **Follow-through** (finalização) — Onde está sua raquete no fim do movimento? Em qual direção ela está? O que aconteceu com a face da raquete depois do impacto? Há alguma hesitação ou dúvida durante o follow-through?

4. **Trabalho de pés** — Como está a distribuição do peso durante a preparação do golpe e no momento do impacto? Como está o seu equilíbrio durante o golpe? Quantos passos você deu para chegar até a bola? Qual é a amplitude desses passos? Que tipo de som é feito pelos seus pés em contato com a quadra enquanto você se move? Quando a bola se aproxima, você recua, avança ou fica no mesmo lugar? Quão sólida é sua base durante a rebatida?

SAQUE

Comparado com os outros golpes do tênis, o saque é o mais complexo. Nele, ambos os braços têm de trabalhar, e o braço que vai efetuar o golpe tem de mover simultaneamente o ombro, o cotovelo e o pulso. É bem difícil, para o Ser 1, dominar os movimentos do saque por meio da memorização das instruções sobre cada elemento que compõe o golpe. No entanto, se deixarmos o Ser 2 aprender a sacar concentrando sua atenção em cada elemento do golpe, e também no movimento como um todo, será possível aprendê-lo com certa facilidade.

ONDE CONCENTRAR A ATENÇÃO DURANTE O SAQUE

Existem alguns pontos específicos que podem servir como foco de atenção na prática do saque. Lembre-se de que o objetivo principal ainda é o mesmo: bater a bola por cima da rede e dentro da quadra adversária, com potência, precisão e consistência. A seguir, apresento algumas variáveis que devem ser consideradas.

Toss (lançamento da bola ao ar)
- Lanço a bola a que altura?
- Até que ponto a bola cai, se é que cai, antes do contato com a sua raquete?

- Tendo como referência o pé de apoio do saque, jogo a bola para a frente, para trás, para a direita ou para a esquerda?

Equilíbrio
- Você se desequilibrou em algum momento durante o saque?
- Qual é a direção do seu corpo no follow-through?
- Como é distribuído o seu peso durante o saque?

Ritmo
Observe o ritmo de seu saque. Meça a cadência do ritmo de seu movimento como se estivesse contando o tempo de uma música: "da... da... da". Cada "da" deve indicar uma etapa: início do movimento, momento em que você levanta a raquete e momento do contato entre a bola e a raquete. Sinta e ouça o ritmo e faça os ajustes necessários até que você encontre o que funciona melhor para você.

POSIÇÃO DA RAQUETE E ESTALO DO PULSO
- Onde está sua raquete antes de iniciar o movimento em direção à bola?
- Sua raquete se aproxima da bola pelo lado direito ou esquerdo? Ela bate chapada na bola ou na lateral?
- Até que ponto seu pulso está estalando com o impacto?
- Em que estágio do movimento seu pulso começa a relaxar?

POTÊNCIA
Um saque potente é objeto de desejo de todo tenista. Por isso, muitos jogadores cometem o erro de exagerar no esforço ao tentar alcançá-lo, tensionando demais os músculos do pulso e do braço. De forma irônica, o excesso de contração desses músculos provoca um efeito contrário na potência do golpe. Ele reduz a potência, pois o cotovelo e o pulso perdem a naturalidade do movimento. Portanto, mais uma vez,

o mais importante é *observar* quão tensos estão seus músculos para que possa encontrar, por meio da experimentação, o grau de tensão que lhe proporciona melhores resultados.

Seu instrutor pode ajudá-lo a encontrar o melhor ponto onde concentrar seu foco, de acordo com o estágio de desenvolvimento técnico em que você está. Aproveite a orientação que ele lhe der como uma oportunidade para explorar sua própria experiência. Dessa forma, seu aprendizado será orgânico e eficaz.

Além de o aprendizado individual ser sempre mais eficaz, não há uma forma de sacar que seja a melhor para todos. Se houvesse, o que explicaria o fato de alguns dos melhores sacadores do tênis da atualidade terem estilos tão diferentes? Cada um deles teve aprendizados com outros, mas, depois disso, desenvolveu ao longo do tempo uma forma particular de sacar, de acordo com seu corpo, seu nível de habilidade e até os traços de personalidade. E o processo não para de evoluir. Apesar da inegável contribuição que outros jogadores e treinadores têm na evolução do serviço de determinado tenista, o desenvolvimento primordial acontece dentro dele mesmo, pelo simples processo de sentir o que é mais confortável para si e o que produz melhores resultados.

Assim como ocorre com outros tipos de golpes praticados no tênis, a abordagem ortodoxa do saque é constantemente questionada por profissionais do esporte que parecem querer romper seus moldes. Quando aprendi a sacar, há cerca de cinquenta anos, meu instrutor, John Gardiner, um dos melhores na área, ensinou-me o movimento vigente na época. Para que os braços se movessem juntos na direção e no ritmo certos, nós utilizávamos um mantra: "Juntos para baixo, juntos para cima, bata!". Isso significava que tanto o braço que lançava a bola quanto o que batia nela iam para baixo ao mesmo tempo. Depois, quando um braço era levantado para lançar a bola, o outro também se erguia e ficava dobrado atrás da cabeça, pronto para a execução do golpe, assim como, no futebol americano, um *quarterback* levanta o braço se preparando para lançar a bola a outro jogador mais à frente. Então, dependendo da altura em que a bola fosse lançada, um braço se movimentava para atingi-la, de forma que ficasse totalmente estendido no momento do impacto, e seguia em movimento até ultrapassar a linha dos pés. Esse movimento foi o mais utilizado no mundo do tênis por cerca de cinquenta anos.

Então, agora há pouco, enquanto escrevia esta seção sobre saque, li um artigo na revista *Tennis* que apontava que os melhores sacadores do circuito da atualidade já não utilizam o método "juntos para baixo, juntos para cima". Logo, levando-se em conta o que é considerado o "jeito certo" de sacar, todos esses tenistas de elite estavam sacando "errado".

O artigo era intitulado "Braços alternados para o saque", e o autor recomendava que, quando o braço que executa o lançamento da bola estivesse totalmente estendido, o braço que executa o golpe deveria estar ainda abaixado. Para ter o serviço igual ao desses profissionais, o jogador é instruído da seguinte forma: "Eleve o braço que lança a bola; abaixe o outro braço!". E a explicação continua: "A velha técnica do 'juntos para cima', que parece ter mais ritmo, impede o aumento da potência em determinados casos porque força o braço que segura a raquete a pausar o movimento quando chega à parte mais alta do backswing, aniquilando o impulso acumulado até aquele momento".

As fotografias desses tenistas no momento do saque mostram, com clareza, que eles estão fazendo um movimento bem diferente. A instrução continua: "O mais importante é perceber que esses jogadores têm o cuidado de manter o braço que vai executar o golpe com a palma da mão virada para baixo, voltada para o chão, enquanto a bola é lançada pelo outro braço… Isso é necessário para que se consiga o 'efeito laço' de um bom saque, em que a raquete é rapidamente elevada acima da cabeça com um movimento circular que passa pelas costas antes de encontrar a bola no alto.".

Utilizo essas instruções como exemplo por dois motivos: primeiro, para mostrar que os padrões mudam e que as pessoas que os mudam são as que têm a coragem de testar coisas novas, fora dos limites da doutrina vigente, e que confiam no próprio processo de aprendizagem. O segundo motivo é sugerir que até a maneira preestabelecida de fazer uma mudança precisa mudar. Quando leio as instruções antigas sobre o método dos braços alternados, surgem diversas dúvidas em minha mente. Será que entendi corretamente o significado de termos como "efeito laço" ou "braço que vai executar o golpe com a palma da mão voltada para o chão"? A dúvida seguinte que me ocorre é que, mesmo que tenha entendido as instruções, será que consigo executá-las? Então, começo a duvidar de que serei capaz de me livrar de meu "modo antigo" de sacar, que treinei de forma diligente durante anos. E, por fim, questiono se o fato de esse novo método ser eficaz para os profissionais de elite, por si só, faz também com que ele seja o melhor para mim.

Então, como podemos nos beneficiar de um artigo que pode, de fato, estar nos apresentando uma nova descoberta sobre o mecanismo do saque? Em primeiro lugar, deve-se esclarecer internamente o *motivo* de seu desejo de realizar uma mudança. Dizer que os profissionais fazem assim ou que esse saque é a nova tendência não é motivo suficiente. Por outro lado, se você acredita que pode aumentar a potência de seu serviço *experimentando* essa mudança, o esforço pode ser válido. Esse primeiro passo, que busca definir o seu real objetivo, é fundamental para que o controle do processo de aprendizagem seja mantido no lugar certo: nas suas mãos.

Depois de ler o artigo ou observar alguns tenistas utilizando esse novo método, procure evitar a conclusão precipitada de que esse saque é o "certo" para você. Deixe que o Ser 2 observe os pontos interessantes e ignore os comentários do Ser 1, que tentará inventar pequenas fórmulas para "facilitar" seu aprendizado. Enquanto observa, perceba que alguns detalhes vão atrair sua atenção de forma espontânea. Permita que o Ser 2 concentre sua atenção nesses elementos e foque sua inteligência em realizar experimentos com eles.

COMO OBSERVAR OS PROFISSIONAIS

Quando eu era criança, jogava futebol americano. Lembro-me de sentir que jogava melhor quando voltava para casa depois de assistir a um jogo do San Francisco 49ers com meu pai. Embora não tivesse estudado a técnica de passe de Frankie Albert,[6] sabia que havia aprendido algo, e aquilo fazia diferença em meu jogo. Acredito que muitos de vocês já viveram experiências parecidas.

Embora seja óbvio o fato de que podemos aprender muito ao assistir a jogadores da elite do tênis em ação, temos de saber como observá-los. O melhor método é simplesmente observar sem presumir que nossos golpes deveriam ser iguais aos do outro. Em muitos casos, querer que um iniciante repita os movimentos de um profissional é o mesmo que pedir a um bebê que ande antes mesmo de ele ter engatinhado. Formular uma técnica enquanto observa um tenista profissional ou tentando imitar todos os detalhes de seu movimento é um erro comum, que pode ser prejudicial no processo de aprendizagem natural.

Em vez disso, procure prestar atenção em um detalhe específico que desperte seu interesse no jogo do profissional que você está observando. O Ser 2 vai capturar de imediato elementos do lance que forem úteis para ele e vai descartar o que não for útil. Analise cada movimento e perceba como ele é e como funciona. Deixe que o processo natural de aprendizagem o conduza em direção ao melhor golpe.

---

6. Frankie Albert (1920-2002) era um jogador e treinador de futebol americano que jogou no San Francisco 49ers e depois na National Football League. Na Stanford University, ele jogou pelo Stanford Indians, sendo líder do time entre 1940, em uma temporada invicta, e 1941. Foi considerado por muitos o maior zagueiro canhoto de todos os tempos. (N.E.)

Não se esforce para fazer mudanças. Permita que o Ser 2 "brinque" enquanto busca novas possibilidades para seu golpe. Nesse processo, ele vai resgatar e utilizar as "dicas" armazenadas durante a observação do tenista profissional.

Tomando como base a minha experiência e a experiência daqueles com quem trabalhei, é correto afirmar que o Ser 2 tem ótimos instintos para descobrir qual é o elemento específico que deve ser trabalhado em seu golpe. Ao aprender a aprender assistindo aos profissionais, uma ideia interessante é alternar a observação com a experimentação na quadra, até que você conquiste confiança na técnica de golpe em que está trabalhando.

Com a metodologia do Jogo Interior, a autoridade do processo fica dentro do indivíduo, seja na observação externa (ou na recapitulação de uma instrução externa), seja no foco total da consciência dos detalhes do movimento. Nenhum julgamento é necessário nesse processo. Caso perceba diferença entre seu golpe e o modelo exterior, apenas constate sua existência e continue a observar, sinta seus próprios movimentos e verifique os resultados. A mentalidade que deve prevalecer é a da liberdade para buscar o que é mais confortável e eficaz para você.

Em resumo, acredito que alguém que já descobriu como executar o melhor golpe é capaz de ajudar você a encontrar o seu. Conhecer as técnicas utilizadas por outros profissionais pode ajudar na busca da técnica mais indicada para seu jogo. No entanto é perigoso considerar certo ou errado determinado tipo de golpe executado ou relatado por outra pessoa. O Ser 1 costuma se interessar por fórmulas que determinam para onde e em que momento a raquete deve se movimentar. Ele gosta da sensação de controle que tem ao seguir instruções específicas. Entretanto, o Ser 2 gosta da sensação de fluidez — de ver todo o golpe como uma coisa só. O Jogo Interior procura incentivar o atleta a manter um contato intenso com o Ser 2 e a utilizar o processo de aprendizagem que cada indivíduo já tem desde que nasce. Dessa forma, o jogador evita a necessidade de se esforçar em excesso para seguir algum modelo exterior. Use esses modelos para seu aprendizado, mas não deixe que eles usem você. A aprendizagem natural é, e sempre será, de dentro para fora, e não o contrário. *Você* é o aluno, e quem comanda seu processo de aprendizagem é o seu ser interior.

Um dos pontos interessantes desse método é que seu usuário, seja instrutor, seja aluno, não precisa se esforçar para se adequar a um modelo exterior que esteja na moda no momento; em vez disso, ele utiliza esse modelo para a evolução natural na busca da excelência do golpe. Depois de uma aula sobre o Jogo Interior, um profissional de golfe disse o seguinte: "O que considero ser a técnica correta para o meu movimento pode mudar de um dia para o outro. Meu modelo é destruído e reconstruído de acordo com a evolução de meu aprendizado. Minha técnica está sempre evoluindo.". A natureza do Ser 2 é se desenvolver a cada nova chance que lhe é oferecida. E, conforme sua técnica evolui, melhora também sua capacidade de aprender, o que faz com que você seja capaz de realizar grandes mudanças em curtos períodos de tempo.

À medida que descobre as capacidades de aprendizagem do Ser 2, melhoram tanto os seus golpes de tênis quanto sua capacidade de aprender qualquer coisa nova.

A tabela a seguir pode lhe dar uma ideia de como receber instruções específicas sobre quaisquer tipos de golpe. Essas instruções foram extraídas da observação de um jogo profissional, encontradas em uma revista de tênis e também num livro e transformadas em orientações que podem facilitar o processo de descoberta da técnica que melhor se adéque a você. A dica é observar o maior número de golpes possível, até que o Ser 2 tenha a oportunidade de experimentar e, com base nisso, definir qual é seu golpe favorito. Se você tiver um instrutor, deixe que ele lhe passe instruções, mas mantenha o Ser 2 no controle, porque ele é a maior fonte de recursos para seu jogo.

GOLPE	INSTRUÇÃO TÉCNICA	ORIENTAÇÕES
Groundstrokes	Follow-through com o braço no nível do ombro.	Preste atenção na posição do seu braço em relação a seu ombro.
	Antecipe o recuo da raquete.	Observe a posição de sua raquete no quique da bola.
	Abaixe-se para rebater a bola.	Sinta o joelho dobrando nos próximos dez golpes.
	Recue a raquete abaixo do nível da bola para fazer um topspin.	Preste atenção na altura da raquete no momento do impacto com a bola. Sinta o contato e perceba o efeito da bola.
	Rebata a bola no centro da raquete.	Sinta (sem olhar) em que ponto da raquete a bola toca.
	Fixe o pé traseiro para estabelecer a base para o golpe.	Observe a quantidade de peso que você apoia no pé traseiro quando vai executar o golpe.
Voleio	Acerte a bola na frente do seu corpo.	Perceba onde você faz o contato da raquete com a bola.
	Faça o voleio profundo, próximo do fundo de quadra do adversário.	Observe em que ponto da quadra adversária seu voleio está lançando a bola.
	Não faça um backswing. Dê um golpe curto.	Quanto você está recuando a raquete? Qual é o mínimo recuo possível? Quanto se deve afastar a raquete para que o golpe seja curto e eficiente?
	Procure, sempre que possível, rebater a bola antes que ela esteja abaixo do nível da rede.	Concentre-se no espaço entre a bola e a parte superior da rede. Observe os valores diferentes.
Saque	Bata na bola com seu braço estendido.	Perceba quanto seu cotovelo está flexionado no momento do impacto.
	Lance a bola na altura que corresponde a seu braço estendido com a raquete, a cerca de 15 centímetros à frente de seu pé dianteiro.	Observe a altura do lançamento da bola. Deixe-a cair e perceba a que distância ela fica em relação a seu pé dianteiro.

6
MUDANDO HÁBITOS

O capítulo anterior deve ter lhe dado algumas ideias de como mudar seus golpes no tênis. Agora, neste capítulo, o objetivo é utilizar o método do Jogo Interior para colocar em prática as mudanças que você busca, fazendo com que elas se tornem parte de seu jogo naturalmente. As dicas estão por toda parte e podem ser boas ou ruins. A solução é encontrar uma forma eficaz de fazer uso dessas dicas para substituir um comportamento antigo por um novo. O processo de mudança de hábito é um dos mais complexos para um jogador. Depois que se aprende a executar esse processo, fica fácil escolher um costume específico e mudá-lo. Ou seja, depois que se aprende a aprender, basta aprender o que vale a pena.

De forma resumida, as linhas a seguir descrevem o que pode ser chamado de um novo método de aprendizagem. No entanto, esse método não tem nada de novo; é apenas um método mais antigo e natural de aprender, que ignora as técnicas artificiais que acumulamos durante nossa vida. Por que uma criança aprende outro idioma com tanta facilidade? Simplesmente porque ela não sabe como interferir em seu processo natural e orgânico de aprendizado. O método de aprendizagem do Jogo Interior é um retorno a esta abordagem infantil.

Quando falo em "aprender", não me refiro a acumular informação, mas, sim, a realizar algo que pode mudar o comportamento de um determinado indivíduo — seja o comportamento exterior, como um golpe de tênis, ou o interior, como um padrão de raciocínio. Todos nós desenvolvemos padrões na maneira de agir e pensar, e esses padrões existem porque exercem alguma função. O momento de mudar um padrão ocorre quando percebemos que a função poderia ser exercida de uma maneira mais eficiente. Tomemos como exemplo o hábito de girar a raquete depois de executar um forehand. Ele existe porque o tenista quer evitar que sua bola fique longa demais e caia fora da quadra adversária. No entanto, quando o jogador percebe que, se fizer um bom uso do topspin, pode obter o resultado desejado, sem correr o risco de errar na finalização (no follow-through), chegou a hora de mudar o antigo hábito.

É mais difícil se livrar de um hábito quando não se tem um substituto adequado para ele. É o tipo de dificuldade que ocorre quando nos tornamos moralistas em relação ao nosso jogo. Se um jogador lê em um livro que é errado girar a raquete depois do golpe, mas não sabe o que fazer para mudar esse hábito, vai ter sérias dificuldades para manter sua raquete reta, pois vai perceber que isso faz sua bola quicar fora da quadra do adversário. Quando esse jogador for disputar uma partida, vai voltar a fazer o golpe da maneira que lhe parecer mais segura.

Condenar nossos hábitos atuais — ou golpes, nesse caso — não ajuda em nada; o que deve ser feito é avaliar quais as funções exercidas por esses hábitos, para que possamos desenvolver uma forma melhor de chegar ao objetivo desejado. Nunca repetimos de modo intencional um comportamento que não tem função. Contudo, não é fácil identificar a função de um determinado padrão de comportamento quando estamos ocupados em nos culpar por nossos erros. Quando paramos de tentar suprimir ou corrigir o "mau hábito", descobrimos para que ele serve e, então, buscamos um novo padrão de comportamento, que serve melhor para a mesma função e surge sem esforço excessivo.

A TEORIA DO RASTRO DO HÁBITO

Muito se fala sobre o rastro deixado por um golpe de tênis. A teoria é simples: toda vez que você movimenta sua raquete de uma determinada forma, aumenta a probabilidade de movimentá-la dessa mesma forma. Assim se estabelecem padrões (ou rastros) que tendem a se repetir. Os jogadores de golfe utilizam o mesmo termo. É como se nosso sistema nervoso gravasse tudo o que processa. Toda vez que executamos uma determinada ação, grava-se um pequeno rastro, registrando essa ação em nosso cérebro (assim como uma folha que cai sobre a areia da praia e, depois, é levada pelo vento). Quando essa ação é repetida mais vezes, o rastro que ela grava fica mais profundo. Depois de mais repetições, o rastro atinge tamanha profundidade que seu comportamento parece cair automaticamente dentro dele. A partir daí, pode-se afirmar que esse comportamento se tornou um rastro firme.

Pelo fato de esse hábito estar servindo a uma função, ele é reforçado e recompensado e tende a continuar. Quanto maior o rastro no sistema nervoso, mais difícil eliminar o hábito. É muito comum alguém afirmar que não vai mais bater a bola de uma determinada forma; mas é difícil cumprir a promessa. Por exemplo, pode parecer óbvia a importância de manter a bola em seu campo de visão o tempo todo, mas não é raro cometermos o erro de deixar de avistá-la. Na verdade, quanto mais tentamos nos livrar de um vício, mais difícil fica a tarefa.

Se você observar jogadores em quadra tentando corrigir o hábito de girar a raquete depois do golpe, perceberá que eles costumam ranger os dentes e fazer muito esforço para deixar de lado o antigo rastro. Observe a raquete. Depois de rebater a bola, ela vai começar a girar, seguindo o velho padrão; então, os músculos dos jogadores vão ficar tensos e o forçarão a endireitar a raquete. É possível perceber a vibração resultante do momento exato em que o antigo hábito é interrompido para que a força de vontade assuma o controle. A batalha só acaba depois de muito tempo de luta e frustração, e nem sempre com vitória.

O processo de lutar para escapar dos profundos rastros mentais é muito doloroso e difícil. É como sair de uma trincheira. Todavia, há uma alternativa mais natural e espontânea. Uma criança não sofre para escapar de velhos hábitos, ela simplesmente cria novos hábitos! O buraco pode estar lá, mas é você quem decide se estará dentro dele ou não. Se você acreditar que o hábito ruim o controla, sentirá a necessidade de se livrar dele. Uma criança não precisa eliminar o hábito de engatinhar, pois ela não o considera um hábito. Ela deixa de engatinhar quando percebe que andar é uma forma mais fácil de se locomover.

Os hábitos são referências ao passado, e o passado já se foi! Seu sistema nervoso pode conter um grande rastro que faça seu forehand terminar sempre com o giro da raquete, mas a escolha de travar uma batalha contra esse vício é sua; seus músculos continuam plenamente capazes de movimentar a raquete sem girá-la. Não é necessário tensionar todos os músculos do braço para que a raquete fique reta; na verdade, você precisa de menos músculos para deixá-la reta do que para fazer com que ela gire. A luta imaginária contra os velhos hábitos é a principal causa da tensão muscular desnecessária que ocorre com muitos tenistas.

Em resumo, não é necessário lutar contra antigos hábitos. Crie novos. O conflito só aparece quando você tenta eliminar o problema que o incomoda. Descobrir um novo padrão é fácil quando o processo não cria dificuldades imaginárias. Faça o teste e comprove por si mesmo.

MUDANDO UM GOLPE PASSO A PASSO

Acompanhe aqui um resumo comparativo entre o método tradicional de ensino, que muitos de nós vivenciamos, e o aprendizado do Jogo

Interior. Siga os passos e descubra uma forma eficaz de realizar mudanças em seu jogo.

PASSO 1 – OBSERVAÇÃO SEM JULGAMENTOS

Por onde começar? Que parte do seu jogo requer atenção? Nem sempre o golpe que você considera ser o pior é o que está mais pronto para ser mudado. Procure escolher o golpe que você mais *deseja* mudar. Deixe que o golpe demonstre que necessita de mudança. Quando você quer mudar o que está pronto para ser mudado, o processo flui com mais facilidade.

Imagine que você decidiu concentrar sua atenção no saque. O primeiro passo é ignorar todas as ideias preconcebidas sobre seus problemas de execução nesse movimento. Esqueça o que você acha de seu saque e comece a executar o movimento sem exercer controle consciente sobre o golpe. Observe seu movimento de forma neutra, considerando como ele está *agora*, no momento desse experimento. Deixe que um novo rastro seja construído, seja ele melhor ou pior do que o anterior. Concentre-se nele e vivencie-o o máximo possível. Preste atenção em sua posição e sua distribuição de peso antes de iniciar o movimento. Cheque sua empunhadura e a posição inicial da raquete. Lembre-se: não faça correções; observe sem interferir.

Em seguida, procure entender o ritmo do seu movimento de saque. Sinta o caminho percorrido pela raquete durante toda a ação. Depois, saque algumas vezes e preste atenção apenas no movimento de seu pulso. Ele está tenso ou flexível? Flexiona após o impacto? Apenas observe. Procure também se concentrar no lançamento da bola ao executar mais alguns serviços. Pratique o movimento do lançamento. A bola faz sempre o mesmo percurso e atinge o mesmo ponto? Que ponto é esse? Por fim, foque a atenção no follow-through. Em pouco tempo, você perceberá que tem pleno conhecimento do seu saque, pois ele produziu um rastro. E também terá consciência dos resultados de suas ações: quantas bolas ficam na rede, qual é a velocidade e a direção dos melhores golpes, etc. O pleno conhecimento da realidade, livre de críticas ou julgamentos, proporciona tranquilidade e é um requisito essencial para a mudança.

É possível que, durante esse período de observação, algumas mudanças já comecem a acontecer naturalmente. Caso isso ocorra, permita que o processo tenha continuidade. Não há problema algum em fazer mudanças inconscientes; com isso, você se livra do peso da responsabilidade pela mudança e também do fardo de ter de lembrar a si mesmo de como colocá-la em prática.

Depois de observar e experimentar o seu saque por cerca de cinco minutos, é bem provável que você tenha identificado algum elemento de seu golpe que precisa de atenção especial. Pergunte a seu saque como ele gostaria de ser. Talvez ele precise de mais fluidez; talvez, de mais potência ou mais efeito. Quando há um problema recorrente — por exemplo, se a maioria dos saques bate na rede —, fica fácil identificar o que precisa ser mudado. Procure, portanto, sentir qual é a mudança mais desejada e depois execute mais alguns saques e observe.

PASSO 2 – VISUALIZAÇÃO DO RESULTADO ALMEJADO

Agora, imagine que você deseja efetuar um saque mais potente. O passo seguinte é visualizar o seu saque com mais potência. Para isso, você pode assistir a algum tenista que tenha um serviço potente em ação. Não faça análises; apenas absorva o que vê e tente sentir o que ele sente. Ouça o som da bola depois do impacto com a raquete e observe os resultados. Agora, reserve um tempo para imaginar-se executando um saque potente, utilizando o mesmo movimento que já é natural para você. Visualize o saque em sua mente, acrescentando o maior número possível de detalhes táteis e visuais. Ouça o som no momento do impacto e acompanhe a velocidade da bola enquanto ela cruza a quadra.

PASSO 3 – CONFIANÇA NO SER 2

Comece a sacar de novo, mas não faça nenhum esforço consciente para controlar o golpe. Resista principalmente à tentação de bater mais forte na bola. Apenas deixe o saque acontecer; permita que o aumento na potência que você almejou aconteça. Isso não é mágica, portanto, dê a seu corpo a chance de explorar as possibilidades. Independentemente de quais sejam os resultados, mantenha o Ser 1 fora desse processo. Se o aumento da potência não ocorrer de imediato, não o force. Confie no processo e deixe acontecer.

Caso você não perceba uma evolução em direção a seu objetivo depois de alguns minutos, você pode voltar para o passo 1. Pergunte a si mesmo o que está inibindo a velocidade da bola. Se não encontrar uma resposta satisfatória, busque a ajuda de um professor. Digamos que esse professor perceba que você não está dobrando o pulso depois do impacto da bola na raquete. Ele percebe que você está segurando a raquete com muita força, dificultando a flexibilidade. O hábito de segurar a raquete com muita força e manter o pulso firme mesmo depois do impacto é muito comum em tenistas que estão tentando acertar uma bola com potência de modo consciente.

Experimente segurar a raquete com diferentes níveis de firmeza. Deixe que seu pulso absorva a sensação de se movimentar formando um arco completo e flexível. Não presuma que sabe qual é o problema só porque alguém lhe contou; *sinta* intimamente a movimentação de seu pulso. Se ainda estiver em dúvida, peça ao professor que lhe mostre o movimento em vez de lhe dizer como ele deve ser. Então, visualize mentalmente o movimento do saque, desta vez, concentrando-se no detalhe de seu pulso, ereto, apontando para o céu, e depois dobrando para baixo, apontando para a quadra durante o follow-through. Quando conseguir memorizar a imagem da nova movimentação do pulso, saque mais uma vez. Lembre-se de que, se tentar dobrar o pulso, ele provavelmente vai ficar tenso. Apenas deixe o movimento acontecer. Deixe que o pulso fique flexível, que ele dobre, formando um arco cada vez mais perfeito. Permita o movimento, mas não faça nenhum esforço para que ele ocorra. Não tentar dobrar o pulso não significa deixá-lo mole. Descubra o equilíbrio por si mesmo.

PASSO 4 — OBSERVAÇÃO IMPARCIAL DA MUDANÇA E DO RESULTADO

Agora que você deixou seu saque acontecer naturalmente, seu trabalho é apenas observar a ação. Assista ao processo sem tentar controlá-lo. Resista ao desejo de ajudar. Quanto mais confiança você conseguir depositar no processo natural em andamento, menores as chances de ocorrer interferências, como o esforço em excesso, a crítica e a reflexão — além da frustração que inevitavelmente surge em seguida.

Durante esse processo, continua sendo importante não se preocupar tanto com o destino da bola. Quando você muda um elemento de um golpe, outros elementos são afetados. Quando você dobra mais o seu pulso, o ritmo e o tempo de seu saque mudam. A princípio, isso pode resultar em alguma inconsistência. No entanto, se você continuar o processo, deixando o saque acontecer naturalmente e permanecendo atento e paciente, os elementos de seu golpe vão se ajustar.

Sabendo que a potência do saque não depende apenas da flexão do pulso, procure mudar seu foco depois que o seu rastro nesse elemento já estiver profundo. Por exemplo, concentre-se no lançamento da bola ou no equilíbrio do seu corpo. Observe-os e deixe as mudanças acontecerem. Saque até sentir que o rastro está bem estabelecido. Para testar o novo rastro, você pode executar alguns saques concentrando-se exclusivamente na bola. Observe as costuras da bola enquanto a joga para cima, a fim de que sua mente não comece a mandar instruções para o seu corpo. Se o saque estiver acontecendo naturalmente da nova forma, o rastro estará estabelecido.

EXEMPLOS E SITUAÇÕES TÍPICAS DOS MÉTODOS DE APRENDIZAGEM

O MÉTODO TRADICIONAL

PASSO 1 – *CRITICAR OU JULGAR O ANTIGO COSTUME*

Exemplos. Meu forehand está uma porcaria hoje, de novo... Droga! Por que continuo errando essas bolas fáceis? Não estou fazendo nada do que meu técnico ensinou na última aula. Estava trocando bolas muito bem, agora estou jogando pior que nunca... $%#¢*#¢$!

(Frases assim são proferidas, em geral, em tom punitivo e depreciativo.)

PASSO 2 – *DIZER A SI MESMO QUE PRECISA MUDAR* *– REPETIR MENTALMENTE O COMANDO*

Exemplos. Mantenha a raquete baixa, mantenha a raquete baixa, mantenha a raquete baixa. Encontre a bola na sua frente, na sua frente, na sua frente... Não, droga, mais à frente! Não dobre o pulso, mantenha-o firme... Seu idiota, você errou de novo... Lance a bola alta desta vez, bata nela com o braço esticado, lembre-se de dobrar o pulso e não mude a empunhadura no meio do movimento. Bata essa bola no canto oposto da quadra adversária.

PASSO 3 – *FAZER O MÁXIMO DE ESFORÇO POSSÍVEL* *– FAZER ACONTECER DA MANEIRA CORRETA*

Nesta etapa, o Ser 1 já disse ao Ser 2 o que deve ser feito. Agora, ele vai tentar assumir o controle da ação. Músculos desnecessários do corpo e da face são usados. A tensão impede a máxima fluidez do golpe e a precisão do movimento. Não há confiança no Ser 2.

PASSO 4 – *CRITICAR OU JULGAR O RESULTADO,* *INICIANDO O CÍRCULO VICIOSO DO SER 1*

Quando o jogador tenta executar a ação da maneira "correta", é difícil não ficar frustrado com o fracasso ou ansioso pelo êxito. Essas emoções dispersam o foco e impedem a vivência plena do que de fato está acontecendo. Um julgamento negativo sobre o resultado de um esforço faz com que o jogador se *esforce* ainda mais; já a avaliação positiva leva o jogador a se *esforçar* para repetir o mesmo padrão no golpe seguinte. Tanto o pensamento positivo quanto o negativo inibem a espontaneidade.

O MÉTODO DO JOGO INTERIOR

PASSO 1 – OBSERVAR O COMPORTAMENTO SEM JULGAMENTOS

Exemplos. Meus últimos três backhands foram longos e quicaram cerca de meio metro fora da quadra. Minha raquete parece oscilar, em vez de seguir até o fim. Acho que preciso observar a altura de minha raquete no recuo... Está bem acima da minha cintura... Agora, sim, esse golpe teve mais velocidade e, ainda assim, quicou dentro da quadra.

(Essas frases são proferidas num tom animado, mas imparcial.)

PASSO 2 – VISUALIZAR O RESULTADO ALMEJADO

Não se utilizam comandos. O Ser 2 é convidado a atuar da maneira desejada para atingir os resultados almejados. O Ser 2 recebe a imagem e a sensação do elemento específico a ser trabalhado no golpe. Se você quer que a bola quique no canto oposto da quadra adversária, basta imaginar o caminho a ser percorrido pela bola para atingir o alvo. Não tente corrigir os erros anteriores.

PASSO 3 – DEIXAR ACONTECER! CONFIAR NO SER 2

Depois de pedir ao seu corpo que execute determinada ação, dê a ele liberdade para agir. Confie no corpo sem o controle consciente da mente. O saque parece acontecer sozinho. O esforço é iniciado pelo Ser 2, e o Ser 1 não é envolvido no processo. Deixar o processo acontecer não significa se manter estático; sendo assim, deixe o Ser 2 usar os músculos certos para o trabalho. Nada é forçado. Continue o processo. Deixe que o Ser 2 execute as mudanças e as adaptações necessárias até que se forme um novo rastro genuíno.

PASSO 4 – OBSERVAR OS RESULTADOS TRANQUILAMENTE E SEM JULGAMENTOS, POSSIBILITANDO A OBSERVAÇÃO E O APRENDIZADO CONTÍNUOS

Embora o jogador conheça seu objetivo, ele não está emocionalmente envolvido na tentativa de alcançá-lo; por isso, é capaz de fazer a observação imparcial dos resultados e vivenciar o processo. Ao agir assim, o jogador terá um melhor nível de concentração e aprenderá mais rápido. Só será necessário fazer novas mudanças se os resultados não corresponderem à imagem mental fornecida. Caso contrário, será preciso apenas que ele faça a observação contínua do comportamento que está em processo de mudança. O essencial é assistir à mudança, e não fazê-la acontecer.

O processo é incrivelmente simples. Basta vivenciá-lo, e não teorizá-lo. Descubra como é pedir a si mesmo que execute algo e, depois, deixá-lo acontecer sem nenhum esforço consciente. Para a maioria das pessoas, é uma experiência surpreendente, e os resultados comprovam sua eficácia.

Este método de aprendizado pode ser praticado em diversas atividades, tanto dentro quanto fora das quadras. Quanto mais você se permitir agir com liberdade na quadra de tênis, mais confiança depositará nesse belo mecanismo que é o corpo humano. E, quanto mais você confia nele, mais capaz ele se torna.

CUIDADO COM AS APARIÇÕES DO SER 1

Há um perigo que deve ser sempre lembrado. Já percebi em minhas aulas que, depois de deixarem as mudanças acontecerem e ficarem entusiasmados com as melhorias obtidas em seu jogo, os alunos costumam, no dia seguinte, voltar a se esforçar tanto quanto se esforçavam antes das mudanças. O mais surpreendente é que, embora, ao fazer isso, seu jogo fique muito pior, eles não parecem se importar. No início, fiquei intrigado com essa constatação. Por que alguém deixaria o Ser 1 assumir de novo o controle, mesmo obtendo resultados piores? Tive de refletir muito sobre o assunto e cheguei à conclusão de que cada um desses métodos de golpear pode proporcionar uma satisfação específica para o tenista. Quando se esforça muito para acertar um golpe e é bem-sucedido em sua missão, você satisfaz o seu ego. Sente que tem a situação sob controle e que está no comando. No entanto, quando deixa as coisas acontecerem, parece não merecer crédito. Afinal, não parece que foi você quem executou os golpes. Você sente prazer em observar a habilidade de seu corpo, e é possível que até fique surpreso com a melhora nos resultados, mas a sensação de conquista da realização pessoal e dos créditos pelo sucesso é substituída por outro tipo de satisfação. Se um jogador vai à quadra com o objetivo de satisfazer aos seus desejos e massagear seu ego, é provável que, mesmo obtendo resultados inferiores, ele prefira deixar o Ser 1 desempenhar o papel principal.

DÊ CRÉDITO AO SER 2

Quando um tenista vivencia a experiência de "deixar acontecer" e permite que o Ser 2 jogue o jogo, seus golpes tendem a ganhar precisão e potência. Além disso, ele vai sentir um relaxamento estimulante mesmo durante os movimentos rápidos. Ao tentar repetir seu bom desempenho, é comum que ele permita que o Ser 1 volte à cena e tente assumir o controle, com pensamentos como "Agora, captei o segredo deste jogo! Tudo o que preciso fazer é relaxar!". Mas é óbvio que, no instante em que ele *tenta* obrigar-se a relaxar, o verdadeiro relaxamento desaparece e, em seu lugar, surge um estranho fenômeno denominado "esforço para relaxar". O relaxamento só ocorre em circunstâncias naturais, não adianta se esforçar para que ele aconteça.

Não adianta esperar que o Ser 1 abra mão de todo o seu controle de forma repentina; ele encontra seu devido papel de modo gradativo, à medida que o indivíduo progride na execução da concentração relaxada.

7
CONCENTRAÇÃO: APRENDENDO A TER FOCO

Discutimos até aqui a arte de deixar o jogo acontecer. Nela, o Ser 1 não controla a situação e o Ser 2 atua espontaneamente. Nossa ênfase foi nos exemplos práticos, que mostram a eficácia de deixar de lado os julgamentos, o excesso de pensamentos e o excesso de esforço — ou seja, todas as formas de controlar demais determinada situação. Mas, mesmo que o leitor esteja convencido da importância de silenciar o Ser 1, ele pode ter dificuldade para realizar a tarefa. Meus anos de experiência mostraram que a melhor maneira de silenciar a mente não é mandá-la ficar quieta, nem brigar com ela, e menos ainda criticá-la por fazer julgamentos sobre nós. Lutar com a própria mente não funciona. *O que funciona é ensiná-la a ter foco.* O foco é o tema deste capítulo. Quanto mais dominarmos essa arte primordial, mais benefícios ela nos trará, seja qual for a nossa área de interesse.

De forma curiosa, mesmo depois de um jogador experimentar na prática os benefícios de uma mente tranquila, ele continua com a impressão de que esse estado é ilusório. Ele sabe que consegue atingir um melhor desempenho quando permite que o Ser 2 assuma o controle, mas não consegue evitar o impulso de pensar no modo como ele conseguiu atingir tal êxito, e acaba buscando uma fórmula para explicar o evento, trazendo o Ser 1 para a posição de controle de novo. Esse tipo de impulso parece ser a persistente vontade do Ser 1 de ser reconhecido, de ocupar um lugar que, na verdade, não é seu. Isso acaba causando um fluxo constante de pensamentos que interfere tanto na percepção quanto no tempo de reação do jogador.

Quando iniciei minha exploração do Jogo Interior, vivenciei um período em que era capaz de isolar qualquer esforço consciente de meu saque. Como resultado, o serviço parecia acontecer sozinho e era muito potente e consistente. Por cerca de duas semanas, 90% de meus primeiros serviços atingiram a área de saque, e eu não cometi nenhuma dupla falta. Então, certo dia, meu colega de quarto, que também era professor, me desafiou para uma partida. Aceitei e dei a ele um aviso, em tom de brincadeira: "É melhor que você tome cuidado, pois descobri o segredo para o saque perfeito!". No dia seguinte, quando fomos jogar, cometi duas duplas faltas no primeiro game! Ao *tentar* utilizar o dito "segredo", coloquei meu Ser 1 de volta na cena. Agora, eu me esforçava para deixar acontecer. O Ser 1 queria se exibir para meu colega de quarto; ele queria receber os créditos. E, embora eu tivesse rapidamente percebido o que estava ocorrendo, demorei algum tempo para conseguir recuperar, em sua forma pura, a magia do saque espontâneo e livre de esforço.

Em suma, o processo de isolar o Ser 1 e suas interferências não é fácil. Entender essa dificuldade pode ajudar, mas as demonstrações práticas e o uso constante da ação de "deixar acontecer" podem contribuir ainda mais. Todavia, não acredito que a mente possa ser totalmente controlada por esse processo, que é passivo por definição. Para silenciar a mente, deve-se ocupá-la com alguma coisa. Não adianta deixá-la livre; ela precisa estar focada. E, se o desempenho de alto nível está associado a uma mente quieta, é de extrema importância saber onde e como focá-la.

Quando estamos concentrados, a mente se acalma. Se ela é mantida no presente, ela se acalma. Focar é manter a mente no presente. A concentração relaxada é a arte suprema, visto que nenhuma outra forma de arte pode ser alcançada sem ela, e com o auxílio dela pode-se chegar mais longe. Ninguém consegue explorar o máximo potencial de seu tênis — ou de qualquer outra habilidade — se não aprende a desenvolver a concentração relaxada; e o mais interessante é que o jogo de tênis é um excelente meio para desenvolver a habilidade de concentração da mente. Ao aprender a se concentrar enquanto joga, o tenista desenvolve uma habilidade que pode melhorar seu desempenho em todos os outros aspectos da vida.

Para dominar essa arte, é preciso praticá-la. E é possível praticá-la em toda e qualquer situação, com exceção de quando se está dormindo. No tênis, o objeto mais conveniente e prático para concentrar o foco é a bola. Provavelmente, a frase mais repetida no tênis é: "Olhe a bola!". Mesmo assim, poucos jogadores prestam atenção suficiente nela. Essa frase é um apelo para que o tenista simplesmente preste atenção, só isso. Ele *não deve* pensar na bola, na dificuldade do golpe, no movimento da raquete ou no que fulano ou sicrano vão pensar se ele errar. A mente focada captura apenas os aspectos necessários para executar a tarefa em questão; não se distrai com outros pensamentos ou com eventos externos; só dá atenção ao que é relevante aqui e agora.

OLHE A BOLA

Olhar a bola significa focar a atenção em sua imagem. Descobri que a maneira mais eficaz de aprofundar a concentração em uma imagem é se concentrar em algo sutil, pouco perceptível. É fácil observar a bola, mas não é comum observar o desenho específico formado por suas costuras enquanto ela gira. A prática de observar as costuras da bola produz resultados interessantes. Depois de pouco tempo, o jogador descobre que está vendo a bola de forma mais clara do que via antes. Ao observar o desenho formado pelas costuras, ele naturalmente segue a bola por todo o seu percurso, concentrando sua atenção nela mais cedo do que antes, desde que ela sai da raquete do adversário até atingir a sua. (Algumas vezes, a bola parece até ficar maior, ou se mover mais lentamente. São resultados naturais do verdadeiro foco.)

Entretanto, ver a bola com mais clareza é apenas um dos benefícios de focar a mente em suas costuras. O desenho formado pelas costuras da bola enquanto gira é muito sutil, e isso acaba ocupando mais a mente. A mente fica tão envolvida na observação que esquece de realizar um esforço excessivo. Enquanto se preocupa com as costuras da bola, não interfere nos movimentos naturais do corpo. Além disso, as costuras estão sempre ali, no presente, e, se a mente do jogador está focada nelas, não se preocupa com o passado nem com o futuro. A prática desse exercício possibilita que o tenista atinja níveis cada vez mais profundos de concentração.

A maioria dos tenistas que observa as costuras da bola como exercício disciplinar reconhece rápido a eficiência dessa prática, mas, depois de algum tempo, tende a se desconcentrar de novo. A mente tem dificuldade para se concentrar em um único objeto por um longo período de tempo. Falemos a verdade: por mais interessante que uma bola de tênis possa ser, ela não vai prender a atenção de uma mente inquieta, habituada a diversas distrações, por muito tempo.

QUICOU-BATEU

A questão, portanto, é: como manter o foco por intervalos maiores de tempo? A melhor forma de realizar essa tarefa é criar interesse pela bola. E como fazemos isso? Basta evitar que sua mente acredite que sabe tudo sobre ela, mesmo que você já tenha visto milhares de bolas em sua vida. Supor que você não sabe pode contribuir muito para o foco.

Uma coisa que você não sabe sobre a bola é quando exatamente ela vai quicar no chão ou quando ela vai bater em sua raquete (ou na raquete de seu adversário). Com base nesse fato, encontrei uma forma simples e eficaz de manter o foco na bola. É um exercício que batizei de "quicou-bateu".

As instruções que dou a meus alunos são muito simples: "Diga a palavra 'quicou' em voz alta no instante em que vir a bola quicar na quadra. Diga a palavra 'bateu' todas as vezes em que a bola fizer contato com qualquer uma das raquetes!". Falar em voz alta dá ao aluno (e a mim) a chance de verificar se a palavra é simultânea ao evento. Enquanto o aluno fala "quicou... bateu... quicou... bateu... quicou... bateu... quicou...", ele mantém seus olhos concentrados na bola em quatro momentos importantes da troca e, além disso, ouve o ritmo e a cadência dos quiques e das rebatidas, mantendo-se focado por mais tempo.

O resultado é sempre positivo. O exercício dá ao tenista uma melhor referência da posição da bola, além de manter sua mente livre de distrações. É muito difícil falar "quicou" ou "bateu" o tempo todo e ainda dar instruções para seu corpo, manter o esforço e se preocupar com o placar.

Testemunhei muitos alunos iniciantes executando um ótimo trabalho de pés, dando bons golpes e conduzindo longas trocas de bola no fundo da quadra, durante quinze ou vinte minutos, sem sequer pensar no que estavam fazendo. Isso ocorreu porque o Ser 1 desses alunos estava ocupado em monitorar os quiques e as batidas da bola. De modo curioso, percebi que alunos mais experientes tinham mais dificuldade com o exercício, porque ocupavam a mente com outros fatores que consideravam importantes para uma boa execução. Ao tentar ignorar os pensamentos controladores e focar apenas no quique e na batida da bola, eles costumavam ficar muito admirados e, às vezes, um pouco constrangidos com o ótimo desempenho do Ser 2 mesmo sem contar com a racionalização do Ser 1, que eles achavam que era de grande valia ao seu jogo.

Uma das maneiras mais simples de manter o interesse na bola é observá-la não como um objeto estático, mas como um objeto em constante movimento. Acompanhar o giro da bola observando suas costuras ajuda a manter a concentração, mas é também importante aumentar o foco em sua *trajetória*, quando ela vem em sua direção ou quando vai na direção do adversário. Durante um ponto, procuro concentrar minha atenção nos detalhes da trajetória de cada golpe, sejam os meus, sejam os de meu oponente. Reparo na altura que a bola passa em relação à rede, em sua velocidade de chegada e, com suprema atenção, examino o ângulo de subida depois que ela quica na quadra. Também procuro verificar se a bola está subindo, descendo ou atingindo seu ápice antes de entrar em contato com a raquete. Dou semelhante atenção à trajetória do meu próprio golpe. Em pouco tempo, fico habituado ao ritmo dos golpes alternados em cada ponto e consigo melhorar minha capacidade de antecipação. E esse ritmo, visual e auditivo, mantém minha mente fascinada e concentrada por longos períodos de tempo.

Não adianta ficar olhando *fixamente* para um objeto. Isso não traz foco. Esforçar-se para focar em algo ou pensar muito em determinada coisa também não funciona. A verdadeira concentração vem naturalmente, quando a mente está interessada. Quando está nessa condição, ela é irresistivelmente atraída pelo objeto (ou pelo tema) de interesse. É um processo suave, que não demanda esforço, tensão nem controle. Ao observar a bola de tênis, permita que sua concentração aconteça. Se estiver franzindo a testa, você está se esforçando demais. Se estiver reclamando consigo mesmo por estar perdendo o foco, está tentando controlar demais a situação. Deixe que a bola provoque interesse em sua mente. Ela vai ficar relaxada e pronta para trabalhar, assim como seus músculos.

OUÇA A BOLA

É raro encontrar um tenista que ouve a bola, mas essa atividade pode ser um método valioso de concentração. O impacto da bola com a raquete emite um som peculiar que varia consideravelmente de acordo com a região da raquete em que a batida acontece, o ângulo da face e a distribuição do seu peso e o lugar onde a bola se encontra. Se você prestar atenção nos sons da bola, vai logo perceber que eles derivam de diferentes tipos e qualidades de rebatidas. Em pouco tempo, você será capaz de distinguir o som produzido por um forehand overspin, com a bola sendo rebatida no centro da raquete, de um forehand underspin em que a bola não encontrou a região central da raquete. Ou vai reconhecer o som de um backhand chapado e vai saber diferenciá-lo de um golpe dado com a face aberta.

Certo dia, eu estava praticando esse método de concentração enquanto sacava e percebi que meu serviço estava excepcionalmente bom. Eu ouvia um estalo agudo em vez do som habitual do impacto. Era um som peculiar, e o saque tinha mais velocidade e precisão. Quando me dei conta de quanto estava sacando bem, procurei resistir à tentação de tentar descobrir o motivo daquele bom desempenho e apenas pedi a meu corpo que fizesse o que fosse necessário para continuar produzindo aquele estalo. Memorizei aquele som, e, para minha surpresa, meu corpo conseguiu reproduzi-lo diversas vezes.

Essa experiência me ensinou que a lembrança de determinados sons pode ser muito eficaz no processo de acesso à imensa base de dados que temos em nosso cérebro. Quando um jogador ouve o som do seu forehand, ele o armazena em sua memória e o relaciona com um golpe específico; quando necessário, o corpo procura repetir os elementos do movimento que produziram aquele som. Essa técnica pode ser particularmente útil para aprender diferentes tipos de saque. Os sons de um saque chapado, com slice ou com efeito são muito diferentes uns dos outros. Da mesma forma, pode-se aprender a alcançar a quantidade desejada de rotação na bola em um segundo serviço prestando atenção nos sons da bola no momento do impacto, quando aplicamos a ela diferentes quantidades de rotação. Além disso, ouvir o som da bola durante o voleio pode ajudar tanto o trabalho de pés quanto o da raquete durante a execução desse tipo de golpe. Um voleio tem um som inesquecível quando é rebatido na hora certa e na posição perfeita.

Alguns jogadores preferem se concentrar nos sons produzidos pela bola a se concentrar em sua costura, porque para eles a técnica é mais inovadora. Na verdade, é possível utilizar os dois métodos simultaneamente, já que os sons só acontecem no momento do contato.

Em minha experiência, a prática de ouvir o som da bola funciona melhor durante o treino. Se, no treino, adquirimos sensibilidade aos sons da bola, durante uma partida, temos mais facilidade para executar golpes sólidos com base nesses sons. Os resultados são comprovadamente positivos.

SINTA A RAQUETE

Lembro-me de que, quando eu tinha 12 anos, meu professor fez um comentário sobre meu parceiro de jogos de duplas: "Ele realmente sabe onde está a cabeça da raquete dele!". Não entendi o que aquilo significava, mas minha intuição dizia que era importante, por isso jamais me esqueci daquele comentário. Poucos tenistas entendem que é importante concentrar a atenção em *sentir* a raquete durante todo o movimento. Há duas coisas que um tenista *precisa* saber para executar um golpe: onde está a bola e onde está sua raquete. Sem essas informações, é difícil jogar. A maioria dos jogadores sabe que tem de manter contato visual com a bola, mas tem apenas uma vaga noção da posição da cabeça da raquete durante a maior parte do jogo. Um dos momentos mais difíceis para saber a posição exata da raquete é quando ela está atrás de você. Nesse momento, você precisa se concentrar por meio da sensação que ela provoca. Durante um forehand, sua mão fica a cerca de 30 centímetros do centro da raquete. Isso significa que mesmo uma pequena mudança na angulação de seu pulso pode produzir uma grande diferença na posição do centro da raquete. Do mesmo modo, uma pequena mudança na angulação da face da raquete tem efeito significativo na trajetória da bola. Na verdade, uma diferença de 6 milímetros na posição da face da raquete pode resultar em quase 2 metros de diferença no local em que a bola vai quicar. Por isso, para que seu jogo seja consistente e preciso, você deve se tornar extraordinariamente atento à sensação.

Seria bem útil a todos os tenistas passar por um "treinamento de sensibilidade". A maneira mais fácil de treinar as sensações é focar a atenção em seu corpo enquanto treina. O ideal é que alguém bata algumas bolas para você, para que elas quiquem sempre no mesmo ponto. Então, dê relativamente pouca atenção à bola e concentre-se no que você está sentindo ao rebatê-la. Por algum tempo, dedique atenção especial à sensação provocada por sua raquete no momento em que ela está atrás de seu corpo. A maior atenção deve ser dedicada à sensação do seu braço e da sua mão no momento que antecede o início do movimento para a frente, em direção à bola. Procure também reparar na sensação de empunhar o cabo da raquete. Com que intensidade você o está segurando?

Há muitas formas de melhorar a consciência da sensação muscular. Uma delas é praticar seus golpes em câmera lenta. Execute a rebatida como se fosse um exercício, sentindo as partes de seu corpo que se movem durante a ação. Procure sentir cada evolução de movimento, cada músculo requisitado. Assim, quando você aumentar a velocidade do golpe e voltar a rebater as bolas como antes, vai ter melhor consciência de sua musculatura. Quando executo um ótimo backhand, por exemplo, tenho plena consciência de que meu músculo do ombro (e não o do antebraço) está movimentando meu braço. Ao me lembrar da sensação desse músculo antes de executar o golpe, consigo obter mais potência. Por outro lado, quando executo um forehand, presto atenção em meu trícceps quando a raquete está abaixo do nível da bola. Sentir esse músculo diminui minha tendência de levantar a raquete quando a levo para trás.

É também importante ter plena consciência de seu ritmo. É possível aprimorar o tempo de bola e ganhar potência nos golpes prestando atenção no ritmo de cada uma de suas ações durante uma sessão de treino. Todo jogador tem um ritmo natural único. Se você aprender a se concentrar e a sentir esse ritmo, vai perceber que as ações acontecerão em um ritmo mais natural e serão muito eficazes. Não adianta estabelecer um ritmo à força; é preciso deixá-lo acontecer. No entanto, a sensibilidade ao ritmo, desenvolvida pela concentração, pode ajudar. Quando um jogador consegue se concentrar e sentir a trajetória de sua raquete por meio dessas sensações, seus golpes começam a desacelerar e a ficar mais simples. Movimentos bruscos e espalhafatosos tendem a desaparecer e dar lugar à consistência e à potência.

Assim como o som da bola pode auxiliar o seu jogo, é muito útil focar na sensação do momento do impacto da bola com a raquete. É possível notar diferenças — sutis e nem tão sutis — na vibração que chega à sua mão quando a bola encontra a raquete. Ela depende do ponto em que o contato aconteceu, de como seu peso está distribuído no momento do impacto e do ângulo da face da raquete. E nessa situação também é possível planejar os melhores resultados por meio da lembrança precisa da sensação em sua mão, no pulso e no braço, depois de executar um golpe bom e sólido. Praticar esse tipo de sensação desenvolve o que chamamos de "toque", muito importante na execução de drop-shots e lobs.

Trocando em miúdos, procure ter consciência de seu corpo. Saiba o que você sente ao posicionar seu corpo ou quando movimenta sua raquete. Lembre-se: é quase impossível sentir ou ver alguma coisa enquanto estamos *pensando* se determinado movimento está *correto* ou não. Esqueça o que *deve* ser feito e viva a experiência. No tênis, há apenas um ou dois elementos que têm importância visual, mas há muito o que sentir. O aumento do conhecimento sensorial de seu corpo vai acelerar o processo de desenvolvimento de suas habilidades.

Nestas últimas páginas, descrevi algumas formas de aprimorar três dos cinco sentidos e de expandir a consciência que esses sentidos nos dão. Pratique esses métodos não como uma lista das coisas que devemos ou não devemos fazer no tênis, mas, sim, um de cada vez e no seu próprio ritmo.

Até onde eu sei, o paladar e o olfato não são cruciais para uma boa técnica de tênis. Guarde o treino desses sentidos para a refeição feita depois da partida.

A TEORIA DA CONCENTRAÇÃO

As práticas descritas anteriormente podem acelerar o processo de melhora em seu jogo. Mas o ponto a ser abordado agora é muito importante e merece uma atenção especial. Do mesmo modo que a atenção focada pode ser benéfica ao seu jogo, o seu jogo pode ajudá-lo a focar a atenção. Aprender a concentrar seus pensamentos em determinado tema é uma habilidade magistral com aplicações ilimitadas. Aos interessados, discutirei brevemente alguns aspectos teóricos da concentração.

Tudo o que vivenciamos dentro da quadra de tênis chega a nós por meio de nossa consciência. É ela que possibilita que sejamos capazes de perceber as imagens, os sons, as sensações e os pensamentos que compõem o que chamamos de "experiência" em sua totalidade. É claro que ninguém é capaz de vivenciar algo que *não passa* pela consciência, pois ela é responsável pela percepção de todos os objetos e dos eventos conhecíveis. Sem ela, os olhos não poderiam enxergar, os ouvidos não poderiam ouvir e a mente não poderia pensar. Ela é uma espécie de energia pura e luminosa cujo poder é tornar os eventos conhecíveis, da mesma forma que a luz elétrica torna os objetos visíveis.

Podemos chamá-la de luz das luzes, pois é sua luz que torna visíveis todas as outras luzes.

No corpo humano, essa "energia" da consciência adquire seu conhecimento por meio de recursos já conhecidos — os órgãos dos sentidos e a mente. Através dos olhos, conhecemos as paisagens; por intermédio dos ouvidos, os sons; e por meio da mente, os conceitos, os fatos e as ideias. Tudo o que acontece conosco e tudo o que fazemos, nós conhecemos por meio dessa energia luminosa que chamamos de consciência.

Agora mesmo, sua consciência está realizando o trabalho de percepção através de seus olhos e de sua mente, das palavras desta frase. No entanto, além disso, outras coisas estão acontecendo dentro de sua área de percepção. Se parar por um momento e ouvir atentamente os ruídos ao seu redor, vai perceber outros barulhos que até agora não eram notados por você, embora estivessem presentes o tempo todo. E, se você prestar mais atenção nesses ruídos, vai ouvi-los ainda melhor — ou seja, vai conhecê-los melhor. Provavelmente, você não estava ciente da sensação de sua língua dentro de sua boca até este momento; mas é bem possível que, depois de ler as palavras anteriores, agora esteja. Enquanto se mantinha ocupado com a leitura ou com as imagens e os sons ao seu redor, você não tinha a consciência de sentir a sua língua, mas bastou uma pequena referência sugestiva para a mente desviar seu foco de atenção de um local para outro. E, quando permitimos que a atenção fique concentrada, ganhamos conhecimento sobre o objeto em foco. Atenção é consciência focada, e a consciência nos dá o poder do conhecimento. Consideremos esta analogia: se a consciência fosse uma luz artificial brilhando em uma floresta escura, permitiria que enxergássemos e conhecêssemos a floresta dentro de determinado raio. Quanto mais perto um objeto estivesse da luz, mais iluminado ele ficaria e, por consequência, mais detalhes ficariam visíveis. Em contrapartida, objetos mais distantes seriam menos visíveis.

Se limitássemos essa luz com um tubo refletor, teríamos uma espécie de holofote, e toda a luz seria direcionada a determinado ponto. Então, os objetos que estivessem no caminho da luz seriam vistos com mais clareza e muitos objetos que antes estavam "perdidos no escuro" seriam notados. É assim que funciona a atenção focada. Contudo, na analogia feita, se a lente do holofote estivesse suja ou em seu vidro houvesse bolhas que difratassem a luz, ou mesmo se a luz estivesse oscilando, o feixe se dissiparia, prejudicando o foco e, por consequência, a nitidez. A distração, nesse caso, está representada pela sujeira na lente ou pela oscilação da luz, que reduz a luminosidade.

A luz da consciência pode ser direcionada tanto para o meio externo, para objetos acessados por meio dos sentidos, quanto para o meio interno, para sentimentos ou pensamentos. E o feixe de luz da atenção pode ser amplo ou estreito. O foco amplo serve para tentar observar a maior área possível da floresta de uma só vez. O estreito possibilita direcionar a atenção a um detalhe específico, como as nervuras de determinada folha que se encontra em um pequeno galho.

O "AQUI E AGORA" DENTRO DA QUADRA

Voltemos para a quadra de tênis. Observar as costuras da bola ajuda a manter o foco e também pode ajudar a diminuir o nervosismo e evitar outros elementos irrelevantes que causam distração. Perceber os sentidos do corpo, por sua vez, gera um foco mais amplo e abrange diversas sensações que podem colaborar para o aprendizado do tênis. Analisar o vento, o movimento do adversário, a trajetória da bola e, além disso, as sensações de seu corpo torna o foco ainda mais amplo e, conforme a tarefa a ser executada, pode ser bastante útil — e, além dessa amplitude, pode ser considerado um foco de atenção, porque desconsidera o que é irrelevante e releva o que de fato importa. Uma característica importante do foco é que ele está sempre "aqui e agora", ou seja, no tempo e no espaço presentes. Na primeira parte deste capítulo, sugeri diversos objetos de concentração que estão no espaço presente, no "aqui". As costuras da bola, por exemplo, propiciam mais consciência de espaço do que a própria bola. E quanto mais consciência você adquire fazendo uso de elementos específicos do jogo de tênis (como o som da bola ou as sensações de cada elemento do golpe), mais conhecimento ganha.

Todavia, é necessário também aprender a ter consciência no tempo presente, no "agora". E, para isso, é preciso se manter atento ao que está acontecendo no presente. Os maiores lapsos de concentração acontecem quando permitimos que nossa mente projete o que vai acontecer com base no que já aconteceu. A mente entra facilmente no universo do "e se…": "E se eu perder esse ponto?", ela pensa. "Eu perderei por 5-3 e ele vai sacar. Se eu não quebrar seu serviço, vou perder o primeiro set e provavelmente a partida também. Imagine o que a Martha vai dizer quando souber que eu perdi para o George!". E, nesse momento, é comum que a mente entre na pequena história imaginária que mostra a reação da Martha ao descobrir que você perdeu para o George. Enquanto isso, no presente, o jogo continua com o placar de 3-4, 30-40, e você quase não se dá conta de que ainda está na quadra; a energia consciente de que você precisa para ter seu máximo desempenho no jogo foi desperdiçada com esse futuro imaginário.

A mente também costuma desviar sua atenção para eventos do passado: "Se o juiz de linha não tivesse considerado 'fora' meu último saque, o placar estaria empatado e eu não estaria nesse buraco. Aconteceu a mesma coisa na semana passada, e isso me custou a partida. Aquilo me fez perder a confiança, e agora está acontecendo a mesma coisa. Por quê?". Um fator interessante no tênis é que, em pouco tempo, a linha de pensamento será interrompida, pois você ou seu adversário logo terão de golpear a bola, e isso o trará de volta ao presente. No entanto, parte de sua energia é desperdiçada e fica perdida no passado ou no futuro, deixando a luz da consciência que ilumina o presente menos brilhante. Como resultado, o foco piora, a bola parece ficar mais veloz e menor e a quadra parece encolher.

Considerando que a mente parece ter vontade própria, o que podemos fazer para mantê-la focada no presente? Podemos fazer isso por meio da prática. Não há outro caminho. Sempre que a mente der indícios de que vai escapar, traga-a, aos poucos, de volta. Eu costumava usar uma máquina programada para lançar bolas em diferentes velocidades e sugeria um exercício simples que ajudava os jogadores a vivenciar o significado de estar mais no presente. Pedia ao aluno que ficasse na rede, em posição de voleio, e programava a máquina para uma velocidade de 3/4 de sua capacidade. No início, o aluno parecia um pouco distraído, mas, depois, ficava mais alerta. A princípio, as bolas lhe pareciam rápidas demais, mas logo suas respostas ficavam mais ágeis. Gradualmente, eu aumentava a velocidade das bolas, e o aluno acompanhava, com foco no voleio. Eu continuava o processo até chegar à velocidade máxima da máquina. Nesse ponto, o aluno já rebatia bolas em alta velocidade e acreditava que havia chegado ao ponto máximo de concentração, mas, em vez de parar o exercício, eu colocava a máquina no meio da quadra, cerca de 5 metros mais próxima dele do que antes. Nessa hora, o aluno perdia a concentração por algum tempo, pois era tomado por algum grau de insegurança. Seu antebraço ficava meio tenso, e os movimentos ficavam mais lentos e menos precisos. "Relaxe o antebraço. Acalme a mente. Fique tranquilo e viva o presente, mantenha o foco nas costuras da bola e deixe acontecer." Logo, o aluno conseguia, de novo, acertar a bola à frente do corpo com o centro de sua raquete. Ele não sorria de satisfação por seu sucesso, apenas continuava concentrado em cada momento. Depois do exercício, alguns alunos afirmavam ter tido a impressão de que a bola estava mais lenta; outros diziam ter achado estranho rebater a bola sem ter tempo para pensar no golpe. Fato é que todos os que chegaram ao estado de viver o presente experimentaram uma sensação de calma e de algum grau de êxtase, e eles desejaram experimentá-la mais vezes.

As consequências que essa maior atenção acarreta à qualidade do voleio são óbvias. A maioria dos voleios errados acontece porque é executada atrás do corpo do tenista ou porque o contato com a bola não ocorre no centro da raquete. Desenvolver uma melhor consciência sobre o presente torna mais fácil a tarefa de localizar a bola e, assim, reagir na hora certa. Algumas pessoas pensam que são muito lentas para devolver uma bola rápida quando estão na rede. No entanto, o tempo é relativo, e você pode de fato deixá-lo mais lento. Pense nisto: cada segundo é composto de 1.000 milésimos. São muitos milésimos! Mede-se sua atenção pela quantidade de vezes que você consegue responder a um alerta em determinado período de tempo. Ou seja, ficamos mais conscientes do que está à nossa volta quando estamos concentrados no "agora".

Depois de melhorar minha concentração no presente, percebi que poderia mudar minha posição para devolução de saque. Saí da linha de fundo e passei a ficar apenas 30 centímetros atrás da linha de saque. Permanecendo focado e relaxado, eu conseguia me antecipar suficientemente a qualquer tipo de saque e "deixá-lo mais lento". Isso permitia que minha devolução acontecesse apenas uma fração de segundo depois que a bola quicasse. Não havia tempo para recuar a raquete, muito menos para pensar no que estava fazendo ou onde eu iria bater a bola. Só existia uma concentração serena e uma resposta espontânea para que eu rebatesse e finalizasse o movimento, dando profundidade e direção à bola. No instante seguinte, eu estaria em frente à rede muito antes do meu oponente!

Meu adversário, ao executar o seu serviço, precisava fazer um grande esforço mental para não considerar um insulto ao seu saque a minha posição para a devolução; ele acabava cometendo mais duplas faltas, pois queria me mandar de volta para o fundo da quadra. E, se o ponto seguisse, o próximo problema a ser enfrentado por ele seria devolver uma passada de voleio estando na região do mata-burro.

É natural que o leitor imagine que essa tática seria impossível contra um sacador de primeira classe. Mas isso não é verdade. Depois de praticar por alguns meses esse tipo de devolução, descobri que era possível utilizá-la em competições oficiais. E, quanto mais eu a praticava, mais velocidade e precisão eu adquiria em minhas devoluções. A concentração parecia reduzir a velocidade do tempo, dando a mim a consciência necessária para visualizar e rebater a bola. O fato de eu rebater a bola ainda durante sua subida diminuía o tempo de resposta do sacador. E, além disso, o fato de eu chegar à rede antes do sacador me dava o comando do ponto.

O FOCO DURANTE UMA PARTIDA

A maioria dos métodos para desenvolver a concentração mencionados até agora funciona melhor durante os treinos. Em uma partida, costuma ser mais eficaz escolher apenas um foco — aquele que funcionar melhor para você — e persistir nele. Por exemplo, se as costuras da bola o mantêm concentrado no "aqui e agora", não há necessidade de buscar foco nos sons ou nas sensações. Em geral, o fato de estar jogando uma partida já ajuda a focar. Durante o andamento de um ponto, é normal entrar em um estado de concentração relativamente profundo, em que você só tem consciência do que está acontecendo naquele exato instante. O difícil é manter a concentração entre um ponto e outro! Depois do último golpe de um rali, a mente deixa de focar na bola e começa a viajar. É nesse momento que surgem os pensamentos sobre o placar, seu backhand irregular, os negócios, os filhos, o jantar e assim por diante, que desviam sua energia do "aqui e agora". E fica difícil recuperar o nível de concentração antes do início do ponto seguinte.

Como, então, é possível manter a concentração no "aqui e agora" nos intervalos entre os pontos? Meu truque pessoal, que também funcionou para muitos de meus alunos, é focar a atenção na respiração. Afinal, o objeto do foco precisa estar sempre presente. E não há nada mais "aqui e agora" do que a respiração. Concentrar a atenção na respiração significa simplesmente observar o ato de inspirar e expirar o ar em seu ritmo natural. Não é necessário exercer nenhum tipo de controle sobre ela.

A respiração é um fenômeno notável. Querendo ou não, todos nós respiramos. O ato de respirar acontece mesmo enquanto dormimos. E não adianta tentar parar de respirar; se tentarmos, seremos vencidos por uma força interna e a respiração voltará a acontecer. Portanto, quando nos concentramos na respiração, colocamos nossa atenção em algo intimamente conectado com a energia vital de nosso corpo. Além disso, a respiração tem um ritmo muito simples. Dizem que o homem recapitula o ritmo do Universo por meio da respiração. Quando a mente entra nesse ritmo, fica absorta e calma. Tanto dentro quanto fora da quadra, a melhor maneira de lidar com a ansiedade é concentrar a mente no processo de respiração. A ansiedade é o medo do que pode acontecer no futuro, e ocorre apenas quando a mente começa a imaginar o que o futuro nos reserva. Contudo, quando sua atenção está no presente, as ações que se fazem necessárias naquele momento têm mais chances de serem executadas com êxito, e, como resultado, o presente ajuda a tornar o futuro melhor.

Então, ao final de um ponto, enquanto estou voltando para a área de saque ou buscando uma bola, foco minha mente na respiração. E, se minha mente começa e divagar sobre o resultado da partida, trago-a calmamente de volta para minha respiração e procuro relaxar seguindo seu ritmo natural e simples. Dessa forma, quando estou prestes a jogar o ponto seguinte, meu nível de concentração pode estar até mais alto que antes. Utilizo essa técnica tanto para parar de me preocupar com erros básicos quanto para não me vangloriar por golpes excepcionalmente bons.

A ZONA DE ATUAÇÃO DO SER 2

No primeiro capítulo do livro, discorri sobre o modo como as pessoas descrevem seu estado de espírito quando estão jogando seu melhor tênis. Elas usam frases como "Estou fora de mim!" ou "Estou jogando com minha intuição!". Outra frase muito usada é "Estou jogando na minha zona de conforto!". Um fato curioso sobre esse estado de espírito é que ele não pode ser descrito com precisão, pois, quando nos encontramos nesse estado, a parte da mente responsável por descrevê-lo está desativada. Quando a sensação se dissipa, você pode tentar se lembrar de como era, mas é difícil. Você só vai se lembrar de que era bom e que tudo funcionava como se fosse mágica.

Contudo, mesmo que você não tenha plena ciência do que ocorre quando se encontra neste estado, você é capaz de identificar o que não ocorre. Você pode se lembrar de que não estava fazendo autocríticas e que também não estava se elogiando. Não estava pensando em como iria executar o golpe e se seu movimento estava certo ou errado. Não fazia projeções do placar nem refletia sobre os erros dos golpes anteriores, e também não se preocupava com a impressão de outras pessoas sobre o resultado do jogo. Em outras palavras, seu Ser 1 não estava presente. Só restava o Ser 2. Por isso, muitas vezes, temos a impressão de que não fomos responsáveis pelos eventos, é como se eles tivessem simplesmente acontecido. Os alunos costumam dizer "Eu não estava lá!", "Alguma coisa do além assumiu o controle!", "Foi minha raquete que executou a ação, como se tivesse vontade própria!". No entanto, é óbvio que a raquete não se movimentava sozinha, tampouco seus ótimos golpes haviam sido acidentais, ainda que eles não os tivessem planejado. Quem rebatia as bolas era o Ser 2. Na verdade, era ele quem as rebatia sem a interferência costumeira do Ser 1.

É interessante perceber que, quando o indivíduo se encontra nesse estado, em que o Ser 1 está ausente e o Ser 2, presente, ele se sente bem e tem uma consciência mais vívida, bem como, normalmente, uma excelente performance. A sensação não é a mesma de quando o ego está satisfeito, que também é muito agradável. Ela pode ser mais bem descrita como uma sensação de harmonia, equilíbrio, estabilidade e até mesmo paz e contentamento. E podemos chegar a esse estado mesmo durante uma intensa partida de tênis.

Phil Jackson, treinador de Michael Jordan e da equipe Chicago Bulls — quatro vezes campeã da NBA —, descreve muito bem em seu livro *Cestas sagradas* o estado em que o Ser 2 tem o foco absoluto: "O basquete é similar a uma dança complexa, em que é necessário mudar de um objetivo a outro muito rápido. Para obter êxito, é necessário agir com a mente limpa e estar totalmente focado no que cada jogador em quadra está fazendo. O segredo é não pensar. E isso não quer dizer que você deva ser estúpido; quer dizer que é necessário silenciar a imensa quantidade de pensamentos para que seu corpo possa instintivamente fazer o que foi treinado a fazer, sem deixar que a mente o atrapalhe. Todos nós temos momentos de singularidade... E isso ocorre quando estamos completamente imersos no momento, indissociáveis do que estamos fazendo!".

Outra descrição interessante sobre a zona de atuação do Ser 2 é a de Bill Russell, famoso jogador de basquete do Boston Celtics: "Quando atingíamos esse nível especial, acontecia todo tipo de coisa estranha... Era quase como se jogássemos em câmera lenta. Parecia até um feitiço, que nos permitia sentir como a próxima jogada se desenrolaria e qual seria o momento exato de se tentar o arremesso. Mesmo antes de o adversário chegar com a bola para o ataque, eu podia sentir o que ia acontecer. Eu tinha vontade de gritar para meus companheiros 'A bola virá por ali!'. Só não fazia isso porque o adversário ouviria e mudaria o jogo. Minhas premonições acabavam sendo sempre corretas, e eu parecia conhecer cada um de meus companheiros e cada um de meus adversários. E eles pareciam me conhecer completamente também. Hoje, isso parece menos estranho para mim. Agora, aceito que era assim mesmo e que é assim que deve ser. Sempre. Podemos ter foco. Podemos ter consciência!'".

Um alerta sobre a "zona de atuação": ela não pode ser controlada pelo Ser 1. Já vi muitos artigos que afirmam oferecer uma técnica para sempre atuar nesse estado especial. Esqueça isso! É uma armação, uma armadilha antiga. O Ser 1 gosta de atuar nessa zona de conforto porque sabe que os resultados obtidos são ótimos. Por isso, ele vai tentar descobrir uma fórmula mágica, para que você se mantenha nesse estado maravilhoso. No entanto, o problema é que a única maneira de chegar a esse estado é deixando o Ser 1 de lado. Caso você permita que o Ser 1 tente conduzi-lo a essa zona, ele chegará lá, mas você não. Porém, caso consiga permanecer ainda que por um instante nela, ele vai dizer "Ótimo! Consegui!". E, nesse exato momento, você sairá dela.

Outra forma de entender essa zona de atuação é aceitá-la como se fosse um presente. Não um presente que você possa dar a si mesmo, mas um presente que você possa pedir. Mas como pedi-lo? Empenhando-se. Qual é o empenho necessário para merecê-lo? O empenho dependerá da sua compreensão. Eu diria que o processo envolve um empenho para encontrar o foco e outro para tirar o Ser 1 do controle. Com o aumento da confiança, o Ser 1 silencia e o Ser 2 fica mais consciente e domina o processo. Você começa a se divertir, e os presentes vão aparecendo durante a prática. Se você estiver disposto a dar o devido crédito a quem o merece e não pensar que já sabe qual é o modo certo de fazer, os presentes vão continuar a aparecer de forma mais frequente e sustentável.

Pode não parecer científico nem tão fácil de controlar quanto você gostaria, mas posso afirmar que tenho jogado com o Ser 2 por mais de 25 anos de forma consciente, e sei que ele segue o próprio ritmo e que chega quando estou pronto para ele. É preciso ser humilde, respeitoso, não criar expectativas e colocar-se em uma posição inferior em relação a ele. Então, na hora certa, ele chega, e posso aproveitar a ausência do Ser 1 e me divertir. Adoro quando isso acontece. Mas não tente agarrá-lo, pois ele vai escorregar de suas mãos como se fosse um sabonete. Isso vai distraí-lo, e você também o perderá. Eu costumava pensar que tudo o que ocorria naquele estado era efêmero e que logo desapareceria. Mas agora sei que ele está sempre lá, e quem o deixa sou eu. Quando vejo uma criança pequena, percebo que seu Ser 2 está lá o tempo todo. Quando a criança cresce, sua mente fica mais distraída, e é mais difícil identificar o seu Ser 2. Mas ele sempre esteve lá e sempre estará lá, por toda a sua vida. Os pensamentos vêm e vão, mas o ser da criança, aquele ser verdadeiro, vai estar lá pelo tempo que você estiver respirando. E desfrutá-lo, aproveitar a sua presença, é o presente que o foco nos dá.

LAPSOS NO FOCO

Depois de tudo o que aprendemos, ainda não sabemos por que ainda deixamos de nos manter no presente. O presente é o único espaço e o único tempo em que um indivíduo consegue de fato se divertir e realizar alguma coisa. Grande parte de nosso sofrimento ocorre quando permitimos que nossa mente imagine o futuro ou reflita sobre o passado. E, mesmo assim, poucas pessoas se satisfazem com o que está na frente delas naquele exato momento. Nosso desejo de que as coisas sejam diferentes do que elas de fato são leva nossa mente a um mundo irreal e nos torna menos capazes de aproveitar as coisas que o presente tem para nos oferecer. Nossa mente abandona a realidade do presente quando preferimos a irrealidade do passado ou a do futuro. Para tentar entender meus lapsos de concentração, tive de refletir sobre o que estava realmente desejando, e logo percebi que tinha mais desejos do que simplesmente jogar tênis quando estava em quadra. Em outras palavras, tênis não era o único jogo que eu estava jogando. Parte do processo de manter a mente concentrada é identificar e resolver esses conflitos entre seus desejos e suas ambições. O capítulo seguinte tenta elucidar esse processo.

OS JOGOS QUE ACONTECEM NA QUADRA

É óbvio para qualquer espectador que há muito mais do que apenas tênis sendo jogado em uma quadra. Não importa se a partida é disputada em um clube de campo, em um parque público ou em uma quadra particular, os jogadores, com certeza, vão vivenciar diversos tipos de emoção, desde a menor frustração até uma enorme irritação. Não é raro ver tenistas a chutar o ar, cerrar os punhos em comemoração, fazer uma dança da vitória, realizar rituais, praguejar, suplicar, fazer juramentos e orações. As raquetes são arremessadas contra cercas — de raiva —, são jogadas para o alto — de alegria — e são batidas contra o concreto — de desgosto. Algumas bolas boas são consideradas "fora" e vice-versa. Os juízes de linha recebem ameaças, os gandulas são repreendidos e até a integridade de alguns amigos é questionada. As expressões dos tenistas costumam denotar, em sucessões rápidas, sentimentos como vergonha, orgulho, êxtase e desespero. A arrogância presunçosa costuma levar a uma enorme ansiedade, e a prepotência, à decepção. Raiva e agressividade em variados graus de intensidade são expressas tanto de forma discreta quanto aberta. Para espectadores que assistem a uma partida pela primeira vez, fica difícil acreditar que todo esse drama pode estar contido em uma quadra de tênis e no espaço de tempo de uma partida.

As atitudes do tenista durante uma partida não têm limites. Não apenas suas respostas emocionais podem ser observadas em quadra como também a ampla gama de motivações que podem mover os jogadores. Alguns só se preocupam com a vitória. Outros são muito eficientes em evitar a derrota, mas não conseguem conquistar um match-point quando surge a oportunidade. Muitos não se importam com a eficácia do jogo, mas, sim, com sua exuberância estética, enquanto outros não dão a mínima para isso. Alguns tentam enganar o adversário; outros enganam a si mesmos. Alguns adoram se gabar por suas conquistas, enquanto outros tantos só reclamam de suas falhas. Existem ainda aqueles que só estão na quadra para se divertir e se exercitar.

Em seu conhecido livro *Os jogos da vida*, Eric Berne descreve os jogos subliminares que existem por trás das interações humanas. Ele deixa claro que o que *parece* estar acontecendo entre as pessoas é apenas parte de um contexto maior. A mesma teoria parece ser válida em uma quadra de tênis. E como, para ter um jogo eficiente, deve-se saber o máximo possível sobre ele, disponibilizo mais adiante um pequeno guia dos jogos que acontecem na quadra de tênis, seguido de uma reflexão pessoal sobre minha busca por um jogo que realmente valha a pena ser jogado. Fica a sugestão de não adotar esse guia como um exercício de autoanálise, mas, sim, como uma ferramenta para descobrir como se divertir mais jogando tênis. É difícil divertir-se ou concentrar-se de maneira adequada quando temos nosso ego engajado em uma "batalha de vida ou morte". O Ser 2 nunca terá a chance de expressar sua espontaneidade e sua excelência enquanto o Ser 1 estiver envolvido em um jogo pesado que envolva sua autoimagem. Todavia, poderemos conseguir alcançar um determinado grau de liberdade se reconhecermos os jogos do Ser 1. E, quando isso acontece, você pode identificar precisamente os jogos praticados e escolher o que mais lhe agrada e vale a pena ser jogado.

Antes de tudo, deixe-me fazer uma breve conceituação de "jogo". Todo jogo envolve pelo menos um jogador, um objetivo, alguns obstáculos entre o jogador e sua meta, um campo (mental ou físico) em que o jogo ocorre e um motivo pelo qual jogar.

O guia a seguir contém três categorias de jogo, cada uma delas com seus objetivos e seus motivos. Elas são denominadas "Jogar bem", "Amizade" e "Saúde e lazer", e seus jogos podem ser jogados tanto dentro quanto fora das quadras. Cada uma dessas categorias principais contém subjogos com motivações e objetivos próprios e pode também conter variações. Além disso, muitas pessoas costumam praticar modalidades híbridas, que misturam dois ou três jogos de uma só vez.

JOGO 1 – JOGAR BEM

Objetivo principal: atingir a excelência no seu jogo.
Motivação principal: provar a si mesmo que pode jogar bem.

SUBJOGO A – PERFEIÇÃO

Tese. Quão bom posso ficar? Nesta subcategoria, a qualidade de seu jogo é mensurada tomando como base um padrão de desempenho. No golfe, por exemplo, o padrão de desempenho é o par; no tênis, podem-se adotar expectativas preestabelecidas por nós mesmos, ou por nossos pais, amigos ou técnicos.
Objetivo. Atingir a perfeição ou o padrão de jogo mais alto possível.
Motivação. Desejo de desafiar a si mesmo.
Obstáculos
Exteriores — A eterna lacuna entre a ideia de perfeição de um indivíduo e sua real habilidade.
Interiores — Autocrítica por não atingir a perfeição, que leva à desmotivação, ao excesso de esforço compulsivo e ao aumento da dúvida sobre a sua capacidade (que foi a motivação inicial do jogo).

SUBJOGO B – COMPETIÇÃO

Tese. Sou melhor que você. Nesta subcategoria, a qualidade de seu jogo é mensurada com base no desempenho de outros tenistas, e não em um padrão de desempenho predefinido.

Máxima. Não importa se jogo bem, o que importa é se ganho ou perco.

Objetivos. Ser o melhor, vencer, derrotar os oponentes.

Motivações. Desejo de chegar ao topo, necessidade de ser admirado e de exercer o controle.

Obstáculos

Exteriores — Sempre há alguém que pode vencê-lo; um jovem adversário pode aparecer e superá-lo.

Interiores — A preocupação da mente em compará-lo com os demais jogadores, impedindo a ação espontânea; alternância entre pensamentos de inferioridade e de superioridade, dependendo do estágio da competição; medo da derrota.

SUBJOGO C – IMAGEM

Tese. Olhe para mim! A qualidade do jogo é mensurada por sua aparência. O estilo é mais importante que a vitória ou que a competência.

Objetivos. Parecer bom, impressionar, aparentar ser forte, brilhante, suave e gracioso.

Motivação. Desejo de atrair a atenção das pessoas e de ser elogiado.

Obstáculos

Exteriores — Não é recomendável parecer bom o suficiente. O que é bom para alguns pode não ser para outros.

Interiores — Confusão sobre quem o jogador realmente é. Medo de não agradar a todos e de uma solidão imaginária.

JOGO 2 — AMIZADE

Objetivo principal. Fazer amigos ou cultivar amizades.

Motivação principal. Desejo de cultivar amizades.

SUBJOGO A — STATUS

Tese. Gostamos de jogar tênis em nosso clube. Não importa se você é bom, o que é importa é onde você joga e quem são seus companheiros de jogo.

Objetivo. Manter ou melhorar o *status* social.

Motivação. Desejo de cultivar amizades com pessoas com importância social.

Obstáculos

Exteriores — Custo de se manter socialmente ativo entre seu grupo de interesse.

Interiores — Medo de perder a posição social.

SUBJOGO B — REUNIDOS

Tese. Todos os meus amigos jogam tênis. Jogo para estar próximo de meus amigos. Jogar muito bem seria um erro.

Objetivos. Encontrar novos amigos ou cultivar os que já existem.

Motivação. Desejo de obter aceitação social e fazer amizades.

Obstáculos

Exteriores — Encontrar tempo, um local e os amigos.

Interiores — Medo do ostracismo.

SUBJOGO C — MARIDO E MULHER

Tese. Meu marido (ou minha esposa) está sempre jogando, então...

Objetivo. Ficar junto ao cônjuge.

Motivação. Solidão.

Obstáculos

Exteriores — Tornar-se bom o suficiente para jogar com o cônjuge.

Interiores — Duvidar que a solidão possa ser superada dentro da quadra de tênis. (Ver também os obstáculos internos para o subjogo "Perfeição".)

JOGO 3 — SAÚDE E LAZER

Objetivo principal. Saúde física e mental ou lazer.

Motivação principal. Saúde e/ou diversão.

SUBJOGO A — SAÚDE

Tese. Joga por causa de aconselhamento médico ou como parte de um projeto de melhoria física ou estética.

Objetivo. Praticar um exercício, suar, relaxar a mente.

Motivações. Saúde, vitalidade, desejo de prolongar a juventude.

Obstáculos

Exteriores — Encontrar alguém com a mesma motivação para ser seu parceiro de treino e jogo.

Interiores — Duvidar que o tênis vai de fato ajudar. Acabar seduzido pela proposta do "Jogar bem".

SUBJOGO B — DIVERSÃO

Tese. Não jogar para vencer nem para se tornar bom no esporte. Só para a diversão.

(Um jogo raramente jogado na sua forma pura.)

Objetivo. Divertir-se a valer.

Motivação. O prazer de jogar na expressão da excelência.

Obstáculos

Exteriores — Nenhum.

Interiores — Acabar seduzido pelos jogos do Ser 1.

SUBJOGO C — APRENDIZADO

Tese. Jogar seguindo o desejo do Ser 2 de aprender e de aprimorar o jogo.

Objetivo. Desenvolvimento.

Motivação. Prazer em aprender.

Obstáculos

Exteriores — Nenhum.

Interiores — Acabar seduzido pelos jogos do Ser 1.

Esses três últimos subjogos podem ser praticados de forma simultânea, sem interferências entre eles. Todos têm harmonia com os desejos inatos do Ser 2.

A ÉTICA COMPETITIVA E O AMADURECIMENTO DO "JOGAR BEM"

Muitos tenistas que levam o esporte a sério, independentemente dos motivos que os levaram a praticar a atividade, acabam exercendo, de alguma forma, o "jogar bem". Muitos começam a jogar tênis como uma atividade de fim de semana, para se exercitar e aliviar a pressão do dia a dia, mas acabam estabelecendo para si padrões de excelência inatingíveis e, como consequência, acabam se sentindo mais frustrados e mais tensos na quadra do que fora dela.

Como a qualidade do jogo de tênis de um indivíduo pode ter tanta importância a ponto de causar ansiedade, raiva, depressão e insegurança? A resposta parece estar profundamente relacionada a um padrão básico de nossa cultura. Vivemos em uma sociedade que valoriza as conquistas e que mede a competência das pessoas com base no sucesso que elas obtêm em diferentes atividades. Antes mesmo de sermos elogiados ou condenados ao receber nosso primeiro boletim escolar, já éramos amados ou ignorados por nossas primeiras ações. E, desde então, uma mensagem básica nos foi transmitida em alto e bom som: você será uma boa pessoa, merecedora de respeito, apenas se obtiver sucesso no que fizer. É claro que as atividades que precisam ser bem-feitas para ganhar reconhecimento variam de família para família, mas o equilíbrio entre o valor de um indivíduo e seu desempenho parece ser universal.

E esse equilíbrio acaba adquirindo uma importância muito grande, pois cada uma de nossas ações em busca de uma nova conquista torna-se um critério para definir o nosso valor.

Se, por exemplo, alguém é ruim no jogo de golfe, deixa de alguma forma implícito que não merece tanto o respeito dos outros quanto se jogasse bem. Se for o campeão do clube, será considerado um grande vencedor e, por consequência, uma pessoa mais valiosa na sociedade. Seguindo essa lógica, os inteligentes, bonitos e competentes tendem a ser reconhecidos como pessoas *melhores*.

Em uma sociedade competitiva, em que o amor e o respeito dependem da vitória ou do bom desempenho, é inevitável que muitas pessoas sintam falta desses elementos (pois, para que exista um vencedor, deve haver um perdedor, e, para todo grande desempenho, deve haver desempenhos inferiores). É claro que essas pessoas vão se esforçar para conquistar o respeito que lhes falta e que os vencedores também vão lutar para manter o respeito que conquistaram. Com base nisso, não é difícil compreender por que jogar bem é tão importante para todos nós.

Mas quem disse que devo ser avaliado por meu desempenho em cada atividade? Na verdade, quem disse que eu devo ser avaliado? Para se livrar dessa armadilha, é necessário ter a clara convicção de que o valor de uma pessoa não pode ser avaliado por seu desempenho — ou por qualquer outro meio de medição arbitrário. É possível medir o valor de um ser humano? Não faz sentido avaliar um ser humano com base em referências imensuráveis. Na verdade, somos o que somos; *não* somos o que nosso desempenho demonstra em determinado momento. A nota no boletim escolar pode medir sua habilidade em matemática, mas não mede seu valor como ser humano. Da mesma forma, o placar de uma partida de tênis pode mostrar como foi sua performance ou quanto esforço você aplicou em tentar vencer, mas não o define como pessoa nem dá razão para que você se considere melhor ou pior do que era antes da partida.

MINHA BUSCA POR UM JOGO
QUE VALHA A PENA SER JOGADO

Quando alcancei uma estatura que me possibilitava enxergar por cima da rede, meu pai me iniciou no tênis. Eu jogava eventualmente com minha irmã mais velha e meus primos, até chegar aos 11 anos, quando tive minhas primeiras aulas com um jovem professor que se chamava John Gardiner, em Pebble Beach, na Califórnia. Naquele mesmo ano, joguei meu primeiro torneio para tenistas com menos de 11 anos, o National Hardcourt Championships. Na noite anterior à minha estreia, sonhei com a possibilidade de conquistar um título surpreendente. Minha primeira partida foi uma vitória nervosa, porém fácil. Já o segundo jogo foi contra o segundo cabeça de chave e terminou com uma derrota por 6-3, 6-4. Chorei amargamente, mas não sabia por que vencer era tão importante para mim.

Nos verões seguintes, joguei tênis todos os dias. Eu acordava às 7h00, preparava meu próprio café da manhã em cinco minutos e percorria vários quilômetros a pé até as quadras de Pebble Beach. Eu costumava chegar cerca de uma hora antes de todos os outros e batia forehands e backhands incansavelmente no paredão. Durante o dia, jogava de dez a quinze sets, fazia exercícios e aulas e não parava de praticar até que não houvesse mais luz para enxergar a bola. Por quê? Eu realmente não sabia. Se alguém me perguntasse, eu diria que era porque gostava de tênis. E, embora isso fosse verdade, em partes, o motivo principal era meu envolvimento profundo com o jogo da "perfeição". Parecia que eu precisava provar algo para mim mesmo. Achava importante vencer nas competições, mas queria jogar bem todos os dias; queria ficar cada vez melhor. Meu método consistia em pensar que nunca venceria e, depois, tentar surpreender a todos e a mim mesmo com uma vitória. Era difícil me derrotar, mas eu também tinha dificuldades para ganhar partidas muito disputadas. E, embora eu odiasse perder, não sentia prazer em derrotar a outra pessoa; achava aquilo, na verdade, um pouco embaraçoso. No entanto, eu trabalhava duro e nunca parava de tentar aprimorar meus golpes.

Quando eu tinha 15 anos, venci o National Hardcourt Championship na divisão juvenil e senti a grande excitação de conquistar um título importante. Alguns dias antes, naquele mesmo verão, participei de outro torneio, o National Championship de Kalamazoo, e perdi nas quartas de final para o cabeça de chave número sete por 3-6, 6-0, 10-8. No último set, cheguei a liderar o placar por 5-3, com 40-15 no game de meu serviço. Estava nervoso, mas otimista. No primeiro match-point, cometi uma dupla falta ao tentar acertar um ace no segundo saque. No segundo, errei um voleio extremamente fácil diante de uma arquibancada lotada. Repeti aquele match-point em meus sonhos por anos e anos, e ele permanece vívido em minha memória até hoje, depois de cerca de setenta anos. Por quê? Que diferença aquele momento fez em minha vida? Essa pergunta nunca me ocorreu.

Na época em que entrei na faculdade, já havia desistido da ideia de provar meu valor com a conquista de campeonatos de tênis e estava satisfeito em ser "um bom amador". Concentrava minha energia em empreitadas intelectuais; às vezes, por mera obrigação acadêmica e, outras vezes, em virtude de uma busca individual pela verdade. A partir do meu segundo ano na faculdade, comecei a jogar tênis no time da universidade e percebi que, nos dias em que meus trabalhos acadêmicos iam mal, meu desempenho nas quadras também deixava a desejar. Eu me esforçava para provar em quadra o que não tinha dificuldade em provar nas aulas, mas a falta de confiança em uma área geralmente afetava a outra. Felizmente, o inverso também acontecia. Durante os quatro anos de competições universitárias, fiquei nervoso em quase todos os jogos que disputei. Quando cheguei ao último ano, fui eleito capitão de nosso time. Nessa época, lembro-me de acreditar que a competição não provava nada a ninguém, mas ainda assim eu ficava nervoso quando competia.

Depois de me formar, interrompi meu contato com o tênis competitivo por dez anos e embarquei em uma carreira na área da educação. Ensinava inglês na Exeter Academy, em New Hampshire, e lá percebi que mesmo as crianças mais inteligentes eram afetadas por falhas no processo de aprendizagem escolar. Depois, fui oficial da Marinha dos Estados Unidos e passei por uns treinamentos no *USS Topeka*, onde tomei ciência de como o sistema estadunidense de educação é carente e como os métodos de treinamento são retrógrados. Quando saí da Marinha, juntei-me a um grupo de idealistas para fundar uma escola de arte liberal na região norte de Michigan. Durante o curto período de existência dessa escola (cinco anos), cultivei um crescente interesse em conhecer novos modos de aprendizagem e em desenvolver métodos de ajudar as pessoas a aprender. Pesquisei e analisei os estudos de Abraham Maslow e Carl Rogers[7] no fim da década de 1960 e estudei teoria da aprendizagem na

---

7. **Abraham Maslow** (1908-1970) foi um dos principais teóricos da psicologia humanista. Considerado o pai espiritual do movimento humanista, ele acreditava na tendência individual da pessoa para se tornar autorrealizadora, considerando esse o nível mais alto da existência humana. **Carl Rogers** (1902-1987), outro grande teórico da psicologia humanista, via o ser humano como base de seu trabalho. Sua visão humanista surgiu por meio do tratamento de pessoas perturbadas no âmbito emocional. Ele trabalhava com um conceito semelhante ao de Maslow, a que deu o nome de "tendência atualizante", que é a tendência inata em cada pessoa de atualizar suas capacidades e seus potenciais. Mais informações podem ser vistas em https://www.infoescola.com/psicologia/psicologia-humanista. Acesso em: jun. 2024. (N.E.)

Claremont Graduate School, mas nunca cheguei a conceber alguma descoberta reveladora até o verão de 1970, durante um período sabático em que me afastei do meio acadêmico e fui dar aulas de tênis. Fiquei interessado na teoria do esporte e, naquele mesmo verão, comecei a fazer descobertas sobre seu processo de aprendizagem. Decidido a continuar a dar aulas de tênis, desenvolvi o que hoje estamos chamando de Jogo Interior — um método de aprendizagem que parecia ser extremamente eficaz com meus alunos e que também auxiliava meu próprio jogo. Depois que aprendi um pouco sobre a arte da concentração, a qualidade do meu jogo evoluiu rápido e, em um curto período de tempo, eu já estava jogando de forma consistente e melhor do que nunca. Quando me tornei o instrutor principal do Meadowbrook Club em Seaside, na Califórnia, percebi que, apesar de não ter muito tempo para praticar meus próprios golpes, podia aplicar os princípios que estava utilizando em minhas aulas para manter a qualidade de meu próprio jogo. Como resultado, eu raramente era derrotado em jogos disputados com qualquer tenista da região.

Certo dia, depois de fazer uma ótima partida contra um grande tenista, comecei a me perguntar como me sairia em uma competição oficial. Eu estava muito confiante no meu jogo, mas ainda não o havia testado contra tenistas ranqueados. Então, decidi me inscrever em um torneio no Berkeley Tennis Club que contava com a presença de jogadores de altíssimo nível. No fim de semana do torneio, viajei a Berkeley me sentindo confiante, mas, assim que cheguei ao local, comecei a questionar minhas habilidades. Aparentemente, todos os atletas tinham, em média, 1,85 metro de altura e carregavam cinco ou seis raquetes em suas bolsas. Reconheci muitos deles das revistas de tênis que lia, mas ninguém pareceu me reconhecer. O clima era diferente do que eu estava acostumado. Em Meadowbrook, eu era a atração principal. De uma hora para outra, meu otimismo se transformou em pessimismo. Eu comecei a me sentir inseguro com relação ao meu jogo. Por quê? O que havia mudado em meu jogo desde que eu saíra do meu clube, três horas antes?

Minha primeira partida foi contra um tenista que, de fato, tinha 1,90 metro de altura, mas só tinha três raquetes. Quando caminhamos para dentro da quadra, meus joelhos estavam um pouco trêmulos e meu pulso não parecia tão firme como de costume. Tentei acertar a firmeza do pulso diversas vezes, apertando minha mão na raquete. Comecei a pensar no que iria acontecer durante o jogo. No entanto, quando começamos a trocar bolas no aquecimento, logo percebi que meu oponente não era tão bom quanto eu estava imaginando. Se fosse meu aluno, saberia exatamente quais os defeitos que precisariam de correção. Classifiquei-o como um "jogador de clube acima da média" e fiquei mais tranquilo.

Contudo, uma hora depois, com o placar em 4-1 a seu favor no segundo set, e depois de eu ter perdido o primeiro set por 6-3, comecei a perceber que estava prestes a ser derrotado pelo "jogador de clube acima da média". Eu não estava bem na partida — errava golpes fáceis e meu jogo estava inconsistente. Minha concentração parecia estar desativada, meus golpes caíam a poucos centímetros fora da quadra e meus voleios batiam na fita da rede.

Entretanto, quando meu adversário percebeu que estava muito próximo de uma vitória tranquila, começou a vacilar. Não sei o que se passava em sua cabeça, mas ele não conseguia concluir a partida. Então, ele perdeu o segundo set por 7-5 e o terceiro por 6-1. Todavia, quando saímos da quadra, eu não sentia que tinha vencido a partida, mas, sim, que meu adversário a havia perdido.

De imediato, comecei a pensar em minha partida seguinte, que seria contra um tenista bem ranqueado do norte da Califórnia. Eu sabia que ele tinha mais experiência em competições do que eu e, provavelmente, era mais habilidoso. Eu sabia também que, se jogasse da mesma forma que joguei na primeira rodada, seria facilmente derrotado. Percebi que meus joelhos ainda tremiam, minha mente parecia não conseguir se concentrar e eu estava nervoso. Resolvi me isolar e refletir um pouco comigo mesmo para ver se conseguia me controlar.

Então, perguntei mentalmente: "Qual é a pior coisa que pode acontecer?".

A resposta era fácil: "Posso perder por 6-0, 6-0!".

"E, se isso acontecer, o que pode acontecer depois disso?"

"Bem... Eu seria eliminado do torneio e voltaria para Meadowbrook. As pessoas perguntariam como eu havia me saído, e eu lhes diria que perdi na segunda rodada para o jogador Fulano de Tal."

Eles responderiam com complacência: "Ah, ele é muito bom! Qual foi o placar?".

E então eu teria de confessar que havia perdido os dois sets "de zero".

"E o que aconteceria depois?", perguntei a mim mesmo.

"Bem, a notícia de que tomei uma surra em Berkeley se espalharia rápido, mas, após algum tempo, eu voltaria a jogar bem e tudo voltaria a ser como antes."

Esforcei-me para ser o mais honesto possível ao tentar prever as consequências do pior resultado possível. Não seria agradável, mas também não seria insuportável — com certeza, não chegaria a me deixar triste e depressivo. Decidi, então, mudar o cenário.

"Qual é a melhor coisa que pode acontecer?", eu me perguntei.

E, de novo, a resposta era óbvia: "Posso vencer por 6-0, 6-0!".

"E o que aconteceria depois?"

"Eu passaria para a próxima fase e jogaria outra partida, e depois mais uma, até que fosse derrotado. Em um torneio desse nível, seria o fim inevitável. Depois, voltaria para meu clube, contaria a todos qual tinha sido meu desempenho, ganharia alguns tapinhas nas costas e tudo voltaria a ser como antes."

Permanecer no torneio por mais algumas rodadas não parecia uma opção atrativa. Então, fiz para mim mesmo uma pergunta definitiva: "O que *realmente* eu quero?".

A resposta foi bem inesperada. Percebi que o que eu realmente queria era superar meu nervosismo, que estava me impedindo de jogar meu melhor tênis e de aproveitar a ocasião com prazer. Eu queria superar o obstáculo interior que me perseguiu durante toda a minha vida como jogador. Queria vencer o jogo *interior*.

Depois dessa reflexão e de perceber o que realmente eu queria, fui para a quadra onde jogaria a próxima partida com um novo entusiasmo. No primeiro game, cometi três duplas faltas e perdi meu serviço, mas, depois disso, comecei a sentir uma grande segurança. Era como se um grande peso tivesse sido retirado de minhas costas e minhas energias estivessem agora plenamente restabelecidas. Não consegui quebrar o serviço de meu adversário, que era canhoto e sacava com muito efeito, mas não perdi mais nenhum serviço até o último game do segundo set. Perdi o jogo por 6-4, 6-4, mas saí da quadra com uma sensação de vitória. Eu havia perdido o jogo exterior, mas venci o jogo que realmente queria, meu *próprio* jogo, e me senti muito feliz. Na verdade, quando um amigo me perguntou sobre o resultado do jogo, fiquei tentado a lhe dizer que havia vencido!

Pela primeira vez, reconheci a existência do Jogo Interior e sua importância para mim. Eu não conhecia as regras desse jogo, nem sabia exatamente qual era seu objetivo, mas sentia que, quando o vencia, ganhava mais do que apenas um troféu.

9
O SIGNIFICADO DA COMPETIÇÃO

Na cultura ocidental contemporânea, há muita controvérsia sobre a importância da competição. Um segmento da sociedade a considera muito importante e acredita que o progresso e a prosperidade do Ocidente são consequências dela. Outro segmento defende que a competição é ruim, porque estabelece a superioridade de uma pessoa sobre outra e, portanto, é separatista, pois cria uma inimizade entre os indivíduos e estimula a falta de cooperação e a eventual ineficácia. Aqueles que valorizam a competição se interessam por esportes como futebol, vôlei, tênis e golfe. Já os que pensam na competição como uma forma de hostilidade legalizada tendem a valorizar esportes menos competitivos e mais recreativos, como surfe, *frisbee* ou corrida; e quando jogam tênis ou golfe, tentam praticá-los sem competir. Para eles, cooperar é melhor do que competir.

Há muitos argumentos que apoiam a tese daqueles que são contra a competição. Conforme relatado no capítulo anterior, as pessoas tendem a delirar quando são submetidas a situações competitivas. É fato que muitos utilizam a competição como forma de extravasar a agressividade; é um terreno em que se estabelece quem é mais forte, mais resistente ou mais inteligente. Um indivíduo imagina que, ao derrotar outro, estabelece uma relação de superioridade em relação a ele não só como jogador, mas também como pessoa. No entanto, o que poucos reconhecem é que a necessidade de se autoafirmar é, na verdade, uma demonstração de insegurança e dúvida. Só as pessoas inseguras precisam provar suas qualidades para si mesmas e para os outros.

Contudo, é justamente no momento em que a competição é utilizada como meio de criar uma autoimagem do indivíduo que suas piores características aparecem; os medos e as frustrações habituais ganham proporções exageradas. Se alguém acredita que jogar mal significa ser uma pessoa inferior, é natural que um golpe errado seja motivo de extrema decepção. E é claro que esse insucesso dificultará ainda mais a tentativa desse indivíduo de ter um desempenho de alto nível. A competição não seria um problema se não envolvesse tão profundamente a autoimagem de uma pessoa.

Já dei aulas para muitas crianças e adolescentes que acreditavam que só teriam seu valor reconhecido se tivessem um bom desempenho no tênis ou em outras atividades. Para eles, jogar bem e vencer eram, muitas vezes, questão de vida ou morte. Eles estavam sempre analisando o próprio desempenho e comparando-o com o de seus amigos, usando suas habilidades no tênis como um dos parâmetros de medição. A impressão que fica é de que eles pensavam que só seriam dignos do amor e do respeito que procuravam se fossem os melhores, os vencedores. Muitos pais procuram alimentar esse tipo de crença em seus filhos. Porém, o processo de medir o valor de um indivíduo com base em suas habilidades e conquistas acaba tomando uma grande dimensão, enquanto seu verdadeiro e imensurável valor é ignorado. Crianças que aprenderam a se autoavaliar por este método costumam se tornar adultos com uma compulsão pelo sucesso, ignorando tudo o que não estiver nesse caminho. O problema dessa crença não é que esses adultos não consigam encontrar o sucesso que procuram, mas que, caso o encontrem, não conquistem o amor e o respeito que imaginavam receber com a vinda dele. Outro ponto negativo é que, enquanto essas pessoas estão imersas na busca de um sucesso mensurável, deixam de desenvolver outras potencialidades. Alguns nunca encontram tempo para coisas simples, como apreciar as belezas da natureza, expressar seus sentimentos e pensamentos mais profundos às pessoas próximas ou refletir sobre o verdadeiro propósito de sua existência.

E, enquanto alguns parecem ficar presos à compulsão pelo sucesso, outros assumem uma postura de rebeldia contra a competição. Inconformados com as crueldades e as limitações envolvidas no padrão cultural que tende a valorizar apenas o vencedor e ignorar até as qualidades positivas do derrotado, eles criticam com veemência a competição. Entre os mais revoltados desse grupo estão os jovens que sofreram a pressão da competição imposta por seus pais ou pela própria sociedade. Quando dou aulas para jovens com esse perfil, muitas vezes, percebo que eles têm um desejo de falhar. Eles parecem buscar o fracasso, não fazem nenhum esforço para vencer ou alcançar o sucesso. Parecem estar em greve, por assim dizer. Quando não tentam acertar, eles adquirem um álibi: "Eu posso ter perdido, mas não importa, porque, na verdade, sequer tentei de fato!". Mas eles não admitem que, se tivessem realmente tentado e perdessem, iriam de fato se importar e essa derrota estaria diretamente relacionada ao seu valor como indivíduo. Essa linha de raciocínio não é diferente da postura do competidor que deseja mostrar a todos o seu valor. Em ambos os casos, quem está no comando é o ego do Ser 1; ambos estão baseados na premissa equivocada de que o respeito de um indivíduo depende de como é seu desempenho em relação aos outros. Ambos representam o receio de não satisfazer às expectativas. E somente quando esse incômodo receio começa a desaparecer é que descobrimos o verdadeiro significado da competição.

Minha atitude em relação à competição passou por diversas evoluções até chegar ao meu atual ponto de vista. Já citei no capítulo anterior que fui criado para acreditar na competição. Tanto jogar bem quanto vencer eram muito importantes para mim. Mas, a partir do momento em que comecei a explorar o processo de aprendizado do Ser 2, tanto em minhas aulas quanto em meu próprio jogo, tornei--me muito menos competitivo. Em vez de tentar vencer, decidi apenas jogar de forma bonita e impecável; em outras palavras, comecei a praticar uma forma pura do jogo da "perfeição". Meu objetivo era ignorar totalmente o modo como estava meu desempenho comparado ao de meu adversário e me concentrar apenas em alcançar a excelência de meus golpes. Com elegância, eu praticamente bailava pela quadra, com muita fluidez, precisão e "sabedoria".

Contudo, faltava algo. Eu não tinha nenhum desejo de vencer e, como consequência, me faltava também a necessária determinação. Eu achava que era o desejo de vencer que abria as portas da mente para o ego, mas, em determinado momento, comecei a me perguntar se realmente não havia alguma forma de desejar a vitória que não levasse em conta a satisfação do ego. Seria possível ter determinação sem me contaminar com os medos e as frustrações que acompanham o processo de satisfação do ego? O desejo de sempre vencer significava que eu queria ser melhor que alguém?

Certo dia, tive uma experiência interessante que me convenceu de maneira surpreendente que jogar apenas de forma bonita e impecável não era tudo no tênis. Eu estava tentando sair com uma garota, e ela já havia recusado meus convites em duas oportunidades, mas sempre com desculpas bem aceitáveis. Finalmente, combinamos um jantar. No dia do encontro, depois que havia terminado minhas aulas, outro professor me convidou para jogar uma partida. "Eu adoraria, Fred", respondi a ele, "mas hoje não posso". Naquele mesmo momento, fui informado que havia uma ligação para mim. "Espere, Fred", disse eu. "Se for a ligação que estou pensando, você vai ganhar um adversário para sua partida. Caso seja, tome cuidado comigo!" E a chamada era de fato a que eu temia. A desculpa para cancelar o encontro era mais uma vez válida, e a garota havia sido tão simpática que não pude sequer ficar irritado com ela. Mas, quando desliguei o telefone, percebi que estava furioso. Peguei minha raquete, corri para a quadra e comecei a rebater as bolas com uma força até então inédita para mim. E, para minha surpresa, a maior parte das bolas foi satisfatória. Mantive o nível depois do aquecimento e não parei de atacar até o final da partida. Mesmo em pontos importantes, tentava alcançar a bola vencedora, e sempre a atingia. Estava jogando com uma determinação incomum, até mesmo quando estava à frente no placar; na verdade, eu estava fora de mim. De alguma forma, a raiva me fez ultrapassar minhas limitações preconcebidas; me levou além da cautela. Depois da partida, Fred apertou minha mão sem parecer abatido. Naquele dia, ele havia caído no olho de um furacão, mas acabou se divertindo tentando escapar dele. Na verdade, joguei tão bem que ele pareceu feliz por ter testemunhado ou por acreditar que merecia algum crédito como coadjuvante daquela performance — e, de fato, merecia.

Não quero defender a ideia de que jogar com raiva é a chave para a vitória. Meu sucesso deveu-se mais à sinceridade de meu jogo. Eu estava com raiva naquela noite e, em vez de fingir o contrário, expressei meu sentimento de forma apropriada através de meu tênis. Eu me senti bem e atingi meu objetivo.

O SIGNIFICADO DA VITÓRIA

O verdadeiro significado da competição só se revelou para mim algum tempo depois, quando comecei a fazer novas descobertas sobre o desejo de vencer. A grande descoberta sobre o significado da vitória me ocorreu em um dia em que estava tendo uma discussão com meu pai, que, conforme já mencionei, me introduziu no mundo competitivo e se considerava um grande competidor tanto nos esportes quanto nos negócios. Já havíamos debatido temas relacionados à competição algumas vezes, e eu achava que competir não era saudável e exteriorizava o que havia de pior nas pessoas. Mas nessa conversa, especificamente, os argumentos foram além.

Comecei minha argumentação utilizando o surfe como exemplo de atividade recreativa que não envolvia competição. Depois de refletir sobre minha teoria, meu pai perguntou: "Mas os surfistas não competem com as ondas que pegam? Eles não tentam evitar a força das ondas e explorar suas fraquezas?".

"Sim, mas eles não competem com outra pessoa; eles não estão tentando vencer alguém", respondi.

"Concordo, mas todos eles estão tentando permanecer na onda até o fim, não é?"

"Sim, mas o verdadeiro objetivo do surfista é fluir com a onda e talvez formar com ela uma unidade." Foi nesse momento que percebi. Meu pai estava certo; o surfista quer permanecer na onda até o fim, mas, mesmo assim, fica à espera da maior onda que ele acha que pode pegar. Se quisesse apenas fluir com a onda, ele poderia escolher uma onda menor. Então, por que ele espera a onda grande? A resposta é simples e ajuda a entender a verdadeira natureza da competição: o surfista espera a onda grande porque valoriza o desafio que ela representa. Ele valoriza os obstáculos que a onda impõe entre ele e seu objetivo final, que é permanecer na prancha até a onda desaparecer. Por quê? Porque são os obstáculos impostos pela onda, por seu tamanho e sua potência que extraem do surfista seu maior esforço. Somente quando enfrenta as ondas grandes ele é levado a utilizar toda a sua habilidade, sua coragem e concentração para superá-las; e só nesse momento ele consegue descobrir seus verdadeiros limites e chegar a seu máximo desempenho. Em outras palavras, quanto mais desafiador o obstáculo, maior a oportunidade para que o surfista descubra e explore seu potencial. Muitas vezes, o indivíduo tem uma capacidade dentro de si que permanece em segredo até que seja manifestada por uma ação. E os obstáculos são um ingrediente extremamente necessário para esse processo de descoberta interior. Perceba que, no exemplo do surfista, ele não quer provar nada nem para si mesmo nem para o restante do mundo. Ele está simplesmente envolvido na exploração de suas capacidades ocultas. Ele experimenta de forma íntima e verdadeira seus próprios recursos e, por consequência, eleva seu autoconhecimento.

A partir desse exemplo, o verdadeiro significado da vitória ficou mais claro para mim. *Vencer é superar obstáculos para chegar a um objetivo, mas o valor da vitória é equivalente ao valor do objetivo atingido.* Alcançar o objetivo isoladamente pode não ser tão recompensador quanto a experiência que se adquire ao superar os obstáculos envolvidos no processo. E, por isso, em alguns casos, a vitória é menos importante que o caminho que levou o indivíduo até ela.

Quando reconhecemos a importância da existência de obstáculos, fica fácil entender o verdadeiro benefício que pode ser obtido nos esportes competitivos. No tênis, quem é responsável por apresentar os obstáculos necessários para que um indivíduo amplie seus limites? O adversário, é claro! Mas, então, o nosso oponente é um amigo ou um inimigo? Ele pode ser visto como um amigo, pois está fazendo o que pode para dificultar as coisas para você. Desempenhando o papel de inimigo, ele está, na verdade, sendo seu amigo. E, competindo com você, ele coopera para sua melhora! Diferente do surfista à espera da grande onda, ninguém entra em uma quadra de tênis e fica esperando o desafio chegar. É obrigação de seu adversário criar as dificuldades para você, assim como é sua obrigação apresentar os obstáculos a ele. É somente com essa troca que se tem a oportunidade de descobrir aonde podemos chegar.

Concluí surpreso, portanto, que a verdadeira competição é idêntica à verdadeira cooperação. Cada jogador dá o melhor de si para derrotar seu adversário, mas, na verdade, nesse modo de competição, o jogador não está superando a pessoa do outro lado da quadra; são os obstáculos apresentados pelo oponente que precisam ser vencidos. Na verdadeira competição, nenhuma pessoa é derrotada. Os jogadores se beneficiam ao aplicar esforço para tentar superar os desafios apresentados pelo outro. Ambos se fortalecem, e um participa do desenvolvimento do outro. Como dois touros que se enfrentam, chifres contra chifres, ambos ficam mais fortes e participam do desenvolvimento um do outro.

Essa teoria pode mudar a sua atitude em relação a uma partida de tênis. A princípio, em vez de desejar que seu oponente cometa uma dupla falta, você vai torcer para que ele acerte o primeiro serviço. Esse desejo de que a bola quique dentro da área de saque vai ajudá-lo a construir um estado mental adequado para uma boa devolução. Você vai reagir mais rápido, mover-se melhor e, por consequência, dificultar o jogo de seu oponente. Você vai acreditar na qualidade do jogo de seu oponente e na qualidade do seu jogo também. E isso vai otimizar seu senso de controle. No final do jogo, você vai apertar a mão de seu oponente e, não importa qual for o resultado do jogo, vai ficar sinceramente agradecido pela luta travada por ele.

Achava injusto me aproveitar constantemente dos pontos fracos de meus adversários em jogos amistosos. Evitava, por exemplo, mandar sempre bolas no backhand de um oponente se sabia que aquele era seu ponto fraco. Mas, depois de minha descoberta, percebi que estava totalmente enganado! Quanto mais bolas você bater em seu backhand, mais chances dará a ele de melhorar o golpe. Se você tentar ser gentil e só bater em seu forehand, ele continuará com um backhand fraco. Você não estaria cooperando para sua evolução, como faria um adversário competitivo.

Essa descoberta sobre a real natureza da competição me conduziu a outra mudança brusca em minha maneira de pensar e acabou beneficiando meu jogo. Certa vez, quando eu tinha 15 anos, venci um jogador de 18 em um torneio local. Depois da partida, meu pai desceu das arquibancadas e me parabenizou efusivamente, mas minha mãe reagiu de forma diferente: "Pobre garoto, ele deve estar se sentindo péssimo por perder de alguém tão mais jovem que ele...". Para mim, aquilo foi um claro exemplo de conflito de psique. Sentia-me tanto orgulhoso quanto culpado. Até minha descoberta sobre o verdadeiro significado da competição, nunca fiquei realmente feliz por derrotar um adversário, e tinha mais dificuldade de jogar bem quando estava próximo da vitória. Descobri que muitos tenistas têm esse mesmo problema, especialmente quando estão prestes a derrotar alguém. Uma das causas desse nervosismo é a falsa noção do significado da competição. Quando penso que estou me tornando mais digno de respeito por causa de minha vitória, acabo concluindo, consciente ou inconscientemente, que meu adversário está se tornando menos digno de respeito. Ou seja, que não posso subir sem, ao mesmo tempo, empurrar alguém para baixo. Essa crença nos conduz a um desnecessário senso de culpa. Você não precisa exterminar o outro para ser um vencedor; basta perceber que exterminar não é o objetivo do jogo. Hoje, jogo todos os pontos para vencer. Simples assim. Não me preocupo em ganhar ou perder a partida, mas sim em fazer o máximo de esforço em cada ponto, porque percebi que é nessa ação que se encontra o verdadeiro valor do jogo.

Esse máximo de esforço é diferente do esforço excessivo do Ser 1. Representa concentração, determinação e confiança em seu corpo para que ele "deixe acontecer". Significa que você deve explorar ao extremo sua capacidade física e mental. Assim, competição e cooperação tornam-se uma coisa só.

A diferença entre se preocupar com a vitória e se preocupar em realizar o esforço para vencer pode parecer sutil, mas, na realidade, ela é grande. Quando me preocupo apenas com a vitória, estou focando em algo que não posso controlar totalmente. Ganhar ou perder o jogo exterior é resultado dos esforços e habilidades de meu oponente tanto quanto dos meus. E, quando nos envolvemos emocionalmente em algo que não podemos controlar, ficamos ansiosos e nos esforçamos em excesso. Mas todos nós podemos controlar o *esforço* aplicado para conseguir uma vitória. Podemos fazer o melhor possível em determinado momento. E, já que é pouco provável ter ansiedade em relação a um evento que *podemos* controlar, a simples consciência de que estamos nos esforçando ao máximo nos livra do nervosismo. Como resultado, a energia que seria desperdiçada com a ansiedade e o nervosismo pode, então, ser utilizada para vencer o ponto. E, dessa forma, aumentamos as nossas chances de vencer o jogo exterior.

Portanto, para o praticante do Jogo Interior, é o esforço de cada momento para deixar acontecer e o foco no aqui e agora que vão determinar a verdadeira vitória ou a derrota. E esse jogo não acaba nunca. Contudo, ainda lhes faço uma última advertência: é comum dizerem que grandes conquistas vêm com grandes esforços e, embora eu acredite que isso seja verdade, não é necessariamente correto dizer que todo grande esforço leva a grandes conquistas. Uma sábia pessoa, certa vez, me disse: "Quando se trata de superar obstáculos, existem três tipos de pessoa. O primeiro tipo vê o obstáculo como intransponível e logo desiste de superá-lo. O segundo tipo vê o obstáculo, diz que pode superá-lo e imediatamente começa a cavar, escalá-lo, pulá-lo, etc. Já o terceiro tipo de pessoa, antes de agir, tenta encontrar algum ponto de visão que lhe permita enxergar o que há além do obstáculo. Então, somente se a recompensa valer o esforço, ele tentará superá-lo!".

10

O JOGO INTERIOR FORA DA QUADRA

Até aqui, exploramos o Jogo Interior aplicado ao tênis. Começamos com a constatação de que a maioria de nossas dificuldades no tênis é de origem mental. Como jogadores, tendemos a pensar muito antes e durante nossas jogadas; despendemos esforço excessivo para controlar nossos movimentos e ficamos muito preocupados com os resultados de nossas ações e com o modo como elas podem impactar nossa autoimagem. Em resumo, nós nos preocupamos demais e não nos concentramos bem. Para conseguir analisar melhor os problemas mentais de nosso jogo, introduzimos o conceito do Ser 1 e do Ser 2. O Ser 1 é o ego, a mente consciente, que tenta instruir o Ser 2, você e seu potencial, a rebater uma bola. A chave para o tênis espontâneo de alto nível está em resolver a falta de harmonia que normalmente se dá entre esses dois seres. Isso requer o aprendizado de diversas habilidades interiores; entre as mais importantes estão a arte de deixar as autocríticas de lado, de permitir que o Ser 2 execute as ações, de reconhecer e confiar no processo de aprendizado natural e, acima de tudo, de adquirir experiência na prática da concentração relaxada.

Nesse ponto, emerge o conceito do Jogo Interior. Essas habilidades interiores não só ajudam de forma significativa o aprimoramento do forehand, do backhand, do saque e do voleio (componentes exteriores do jogo) como também têm grande valia e aplicabilidade em outros aspectos de nossa vida. Quando um tenista reconhece, por exemplo, que aprender a se concentrar pode ser mais importante do que um backhand, ele deixa de ser um praticante do jogo exterior e começa a utilizar o Jogo Interior. Então, em vez de aprender a ter foco para melhorar o seu tênis, ele joga tênis para melhorar o seu foco. Isso representa uma mudança crucial de valores, do externo para o interno. Só quando essa mudança ocorre é que o jogador se liberta das ansiedades e das frustrações envolvidas no fato de ser dependente demais dos resultados do jogo externo. Só então esse jogador tem a chance de ir além das limitações estabelecidas pelo ego do Ser 1 e conquistar uma nova percepção de seu verdadeiro potencial. A competição se torna, assim, um instrumento interessante por intermédio do qual cada tenista, por meio de seu esforço máximo para vencer, dá ao seu adversário a oportunidade de que ele precisa para alcançar novos níveis de sua autoconsciência.

Há, portanto, dois jogos dentro do tênis: o jogo externo, que é jogado contra obstáculos apresentados pelo oponente externo, que competiu por um ou mais prêmios externos; e o outro, o Jogo Interior, jogado contra obstáculos mentais e emocionais, que busca a recompensa do conhecimento interior e da expressão do verdadeiro potencial do indivíduo. Deve-se estar ciente de que ambos os jogos acontecem simultaneamente, portanto, não se escolhe apenas um para jogar, mas, sim, aquele que merece prioridade.

Evidentemente, quase todas as atividades humanas envolvem o jogo exterior e o interior. Sempre existem obstáculos externos entre o indivíduo e seus objetivos externos, não importa se a meta é dinheiro, educação, reputação, amizade, paz na Terra ou simplesmente algo para comer no jantar. E os obstáculos interiores também estão sempre presentes; a mesma mente que usamos para obter os objetivos externos pode ser facilmente desviada de seu foco por sua tendência a se preocupar, a se arrepender ou, de modo geral, a complicar a situação, provocando, assim, dificuldades internas desnecessárias. É bom saber que, enquanto há diversos objetivos que requerem o aprendizado de diversas habilidades para serem alcançados, os obstáculos internos vêm de apenas uma fonte, e as habilidades para superá-los devem ser desenvolvidas constantemente. Se não for controlado, o Ser 1 é capaz de produzir medos, dúvidas e desilusões onde quer que você esteja e o que quer que esteja fazendo. O foco no tênis é semelhante ao foco necessário para desempenhar qualquer tarefa, até mesmo ouvir uma sinfonia, por exemplo; aprender a abandonar o hábito da autocrítica com base em seu backhand não é diferente de perder o hábito de julgar o seu filho ou o seu chefe; e aprender a aceitar os obstáculos de uma competição aumenta a habilidade do indivíduo para aceitar e enfrentar as dificuldades que surgem no curso de sua vida. Portanto, todo ganho interior se aplica de imediato, de forma automática, ao repertório de atividades de um indivíduo. É por isso que vale a pena prestar atenção especial no jogo interior.

CONSTRUINDO A ESTABILIDADE INTERIOR

É possível que a qualidade mais importante em um ser humano nos dias de hoje seja a capacidade de manter a calma em meio a constantes mudanças. As pessoas que têm mais sucesso em nossa era são as que o poeta Kipling[8] descreve como "aquelas que conseguem manter a cabeça enquanto todos os outros a estão perdendo". Não se conquista estabilidade interior enterrando a cabeça na terra

---

8. Rudyard Kipling (1865-1936) foi um autor e poeta britânico conhecido, entre tantas de suas obras, pelos livros *The Jungle Book* [O livro da selva] (1894), *The Second Jungle Book* [O segundo livro da selva] (1895) e *Just So Stories* [Apenas histórias] (1902). Era reconhecido pela arte de criar contos curtos, e seus livros para crianças se tornaram clássicos da literatura infantil. Foi um dos escritores mais populares da Inglaterra no fim do século XIX e no início do século XX. (N.E.)

quando surge o perigo; deve-se adquirir a habilidade de enxergar a verdadeira natureza do que está acontecendo e responder de maneira apropriada. Dessa forma, a reação do Ser 1 não afetará seu equilíbrio interior nem sua clareza.

A instabilidade, por outro lado, é uma condição que pode facilmente nos levar a perder o equilíbrio quando o Ser 1 se decepciona por uma circunstância qualquer. O Ser 1 tende a distorcer a percepção sobre um evento, nos levando a ações incorretas que, por sua vez, comprometem ainda mais nosso equilíbrio interior — é o chamado círculo vicioso do Ser.

E então surge a dúvida: "Como posso controlar minha tensão?". Apesar de cursos e medicamentos tentarem tratar o problema, o estresse do Ser 1 dificilmente desaparece. O problema em tentar "controlar a tensão" é que acabamos acreditando que ela é inevitável. A tensão precisa existir para ser controlada. Percebi que o Ser 1 costuma prevalecer quando tentamos combatê-lo. Portanto, é necessário haver uma abordagem alternativa, que, nesse caso, pode ser simplesmente construir o próprio equilíbrio. Procure motivar o seu Ser 2, pois, quanto mais forte ele fica, mais difícil será desestabilizá-lo, e, quando isso acontecer, mais rápida será sua recuperação.

A tensão do Ser 1 é uma espécie de ladrão que, se deixarmos, rouba todo o prazer de nossa vida. Quanto mais eu vivo, mais aprecio o presente que é a vida. É um presente maior do que podemos imaginar; por isso, perder tempo vivendo sob um estado de estresse é um desperdício imenso — dentro ou fora da quadra. Talvez a sabedoria não esteja em encontrar respostas novas, mas, sim, em reconhecer a maior profundidade das respostas que já existem. Algumas coisas não mudam. A necessidade de confiar em nós mesmos e de compreender nossa real individualidade nunca vai desaparecer. Deixar de avaliar as pessoas — e a nós mesmos — com base na lógica "do bom e do ruim" será sempre a porta para enxergar tudo com mais clareza.

E é importante estabelecer claramente suas prioridades, sobretudo a principal prioridade de sua vida.

É muito fácil ficarmos tensos e estressados com as pressões que nos atingem no cotidiano. Companheiros, maridos, esposas, chefes, filhos, animais de estimação, contas, propagandas e até mesmo a sociedade irão continuar a demandar tempo e dedicação em nossa vida. "Faça isso melhor, faça isso mais vezes, seja assim, não seja de tal jeito, faça algo com sua vida, faça como ele ou como ela, agora estamos instituindo essas mudanças, então mude!" A mensagem não é diferente de "bata na bola desse jeito, ou daquele jeito, você não jogará bem se não o fizer". Algumas vezes, essas demandas são introduzidas de forma tão delicada e gentil que parecem já fazer parte de nossa vida; já em outras ocasiões, elas chegam com brutalidade e provocam ações por intermédio do medo. Mas uma coisa é certa: as pressões exteriores sempre virão e tendem a aumentar em quantidade e intensidade. O acesso às informações é cada vez maior, e isso faz com que nossa necessidade de adquirir conhecimento e aprimorar nossas competências também se amplie, embora a demanda no ambiente profissional aumente a cada dia para grande parte das pessoas e, junto a ela, aumente também o risco da perda do emprego.

Grande parte de nosso estresse pode ser resumida em uma única palavra: *apego*. O Ser 1 torna-se tão dependente de certos objetos, situações, pessoas e conceitos, que, quando ocorre — ou está prestes a ocorrer — uma mudança, ele se sente ameaçado. Livrar-se do estresse não envolve necessariamente desistir de algo, mas, sim, ser capaz de abrir mão de qualquer coisa, quando for preciso, e saber que ainda assim tudo ficará bem. Trata-se de ser mais independente — não necessariamente isolado, porém, mais confiante nos recursos interiores para manter o próprio equilíbrio.

A capacidade de desenvolver a estabilidade interior nos dias de hoje parece ser uma necessidade essencial para uma vida plena. O primeiro passo em direção a essa estabilidade interior é o reconhecimento de que há um ser interior que tem suas próprias necessidades. O ser que carrega todas as suas capacidades e seus dons, que o auxilia em todas as suas conquistas, também tem demandas. São demandas naturais, que não precisaram ser ensinadas para nós. Cada Ser 2 recebe seus dons logo ao nascer e tem um instinto para utilizá-los naturalmente. Ele quer se divertir, aprender, entender, apreciar, buscar, descansar, ser saudável, sobreviver, ser livre, expressar-se e dar sua contribuição pessoal.

As necessidades do Ser 2 vêm de forma gentil, mas sempre urgente. Um sentimento de satisfação atinge a pessoa sempre que ela está agindo em sincronia com seu ser. É fundamental se perguntar que tipo de prioridade estamos dando às demandas do Ser 2 em relação às pressões externas. Obviamente, cada indivíduo deve fazer essa pergunta e responder a ela em seus momentos de reflexão pessoal.

Assim como muitas outras pessoas, preciso aprender algo muito importante: como distinguir as necessidades interiores do Ser 2 das demandas exteriores que foram "internalizadas" pelo Ser 1 e são agora tão familiares que parecem ser minhas de fato. Trabalho como autônomo há vinte e cinco anos e admito que tenho sido meu principal fator de estresse. Contudo, aos poucos, descobri que as demandas que me deixam estressado são aquelas que não me pertencem. Elas foram "adquiridas" ou "inseridas" em meu repertório pelos mais variados motivos ou porque me foram incutidas quando eu era jovem ou porque todo mundo as aceitava como essencial. E em pouco tempo elas pareciam ser necessárias — e acabavam, assim, se sobressaindo em relação à sutil, mas insistente, urgência de meu próprio ser.

Uma das minhas entrevistas favoritas com tenistas foi a de Jennifer Capriati[9] quando ela tinha apenas 14 anos de idade. Naquela época,

---

9. Jennifer Maria Capriati é uma ex-tenista estadunidense considerada número 1 do mundo no ranking da WTA. Venceu três torneios de Grand Slam e foi medalhista de ouro nos Jogos Olímpicos de 1992. (N.E.)

ela competia em torneios de nível mundial e tinha um ótimo desempenho. A repórter perguntou se ela ficava nervosa ao jogar contra algumas das melhores tenistas do mundo. Jennifer disse que não ficava nada nervosa. Ela disse ainda que considerava um privilégio enfrentar essas tenistas e que nunca tivera tal oportunidade até então. "Mas é claro que, quando você chega a uma semifinal de um torneio de âmbito mundial com apenas 14 anos de idade e com toda a expectativa que as pessoas estão criando em relação a você, deve haver algum estresse, não?", perguntou a repórter. A resposta de Jennifer foi simples, inocente e, do meu ponto de vista, veio puramente do Ser 2. "Se eu sentisse medo ao jogar tênis, não faria sentido continuar jogando!", ela exclamou. Então, a repórter desistiu de insistir no tema.

Talvez o leitor mais crítico pense: "Mas veja o que aconteceu com a Jennifer depois!". Sim, ela pode ter perdido algumas rodadas para o Ser 1, mas a partida não termina com uma única vitória ou uma única derrota. O Ser 1 não desiste fácil, nem o Ser 2. Tenho certeza de que o Ser 2 de Jennifer permanece intacto. E nós podemos nos inspirar no exemplo de uma garota de 14 anos que controlou seu medo.

Eliminamos o estresse conforme modificamos a reação ao nosso verdadeiro ser, permitindo que cada momento seja uma oportunidade para o Ser 2 ser o que é, aproveitando cada momento. Acho que esse é um processo de aprendizado para a vida inteira.

Espero que a esta altura você já tenha percebido que não estou promovendo aquele tipo de pensamento positivo que tenta convencer sua mente de que tudo é maravilhoso, embora não seja. Também não quero que pense algo como "se acho que sou gentil, então, serei gentil; se penso que sou um vencedor, então, serei vencedor". Com base em minhas premissas, esse é o Ser 1 tentando melhorar o próprio Ser 1. O cachorro perseguindo o próprio rabo.

Em minhas palestras mais recentes, costumo lembrar a todos e a mim mesmo que não acredito no autoaperfeiçoamento e, com certeza, não quero melhorá-los. Às vezes, o público fica surpreso. Mas eu não acho que o Ser 2 de um indivíduo precise de melhorias. Ele está bem como é, desde seu nascimento até sua morte. Eu mesmo preciso constantemente me lembrar disso. Sim, nosso backhand pode melhorar, e tenho certeza de que minha escrita também pode melhorar, e muito; certamente, nossas habilidades de relacionamento neste planeta podem melhorar. Mas o importante para nosso equilíbrio interior é saber que não há nada de errado com o ser humano em sua essência.

Acredite, não faço essa afirmação sem ter ciência das profundas rupturas que o Ser 1 pode causar, mas sei, por experiência própria, que sempre existe uma parte de nós que permanece imune à contaminação do Ser 1. E esse fato precisa ser constantemente revisado em minha mente, pois fui condicionado desde cedo a acreditar no contrário: que eu era ruim e precisava aprender e praticar para ser bom.

A parte da minha vida que passei tentando reverter essa negatividade, sendo muito bom, não foi nem prazerosa nem recompensadora. Embora frequentemente eu conseguisse atender ou até superar as expectativas daqueles a quem tentava agradar ou satisfazer, perdia o contato com meu próprio ser durante o processo. Minhas experiências com o Jogo Interior do Tênis me ajudaram a enxergar de maneira prática que, quando deixamos o Ser 2 com seus próprios recursos, o resultado é muito bom. É necessário renovar constantemente nossa autoconfiança e manter nossa mente protegida das vozes, de dentro e de fora, que abalam nossa confiança.

O que mais podemos fazer para melhorar nossa estabilidade? A resposta do Jogo Interior é simples: foco. Concentrar a atenção no presente, o único tempo em que você pode de fato viver, é o coração deste livro e o coração de qualquer ação que você precise desempenhar bem. Focar significa não divagar sobre o passado, seja ele de erros ou de glórias; significa não ficar preso ao futuro, seja ele repleto de medos ou de sonhos. A atenção total deve estar no presente. A habilidade de focar a mente é a habilidade de não a deixar escapar. É diferente de não pensar — é direcionar seu pensamento. A concentração pode ser praticada em uma quadra de tênis, na cozinha cortando cenouras, em uma reunião de diretoria repleta de tensão ou enquanto você dirige no trânsito. Pode ser praticada individualmente ou em uma conversa. Ouvir outra pessoa falando sem conduzir uma conversa paralela em sua cabeça requer tanta concentração quanto a que é exigida ao observar a costura de uma bola de tênis durante um jogo, ignorando as preocupações, as expectativas e as instruções do Ser 1.

A estabilidade aumenta quando aprendo a aceitar o que não posso controlar e passo a controlar somente o que está ao meu alcance. Em uma noite fria de inverno, no meu primeiro ano depois de me formar na faculdade, tive minha primeira lição sobre o poder de aceitação da questão da vida e da morte. Eu estava sozinho, dirigindo meu carro para Exeter, New Hampshire, vindo de uma pequena cidade no Maine. Era quase meia-noite quando a roda do meu carro derrapou em uma curva que estava com a pista coberta de gelo. O carro girou e bateu em um banco de neve.

Sentado dentro do carro, sentindo o frio aumentando a cada segundo, percebi a gravidade da situação. A temperatura externa era de cerca de 20 graus abaixo de zero. Eu vestia apenas uma jaqueta esportiva. Não era possível manter o carro aquecido enquanto estava desligado, e as chances de outro carro passar pela estrada eram pequenas. A última cidade pela qual havia passado estava a cerca de vinte minutos (de carro) dali. Não havia sítios, chácaras, telefones na estrada e nenhum outro sinal de civilização. Eu não tinha mapa e não sabia a que distância estava a próxima cidade.

Minhas alternativas eram interessantes. Se eu permanecesse no carro, congelaria. Logo, precisava decidir se andava para a frente, em direção ao desconhecido, esperando encontrar uma cidade próxima, ou se voltava por onde tinha vindo, pois eu tinha a certeza de que havia uma cidade a cerca de 25 quilômetros. Depois de pensar um pouco, decidi arriscar a sorte no desconhecido. Afinal, não é isso que eles fazem nos filmes? Segui em frente por não mais que dez passos e, sem pensar, dei meia-volta e comecei a andar na outra direção.

Depois de uns três minutos, minhas orelhas começaram a congelar, e eu tinha a sensação de que elas poderiam cair a qualquer momento. Então, comecei a correr, mas o frio drenou minha energia rapidamente, e eu tive que voltar a andar. Andei por mais dois minutos, e o frio começou a me vencer. Corri novamente, mas logo me cansei. Os intervalos de corrida eram cada vez menores, assim como os de caminhada. Logo, percebi qual seria o desfecho desses ciclos decrescentes. Eu congelaria na beira da estrada e ficaria coberto por neve. Naquele momento, o que a princípio era simplesmente uma situação difícil parecia se tornar minha última experiência. A consciência de uma possível morte me fez reduzir a velocidade até parar.

Após alguns minutos de reflexão, eu me vi falando em voz alta: "Tudo bem, se a hora chegou, que assim seja. Estou pronto!". E eu não estava brincando. Depois disso, parei de pensar e comecei a andar pela estrada novamente, só que, dessa vez, consciente da beleza daquela noite. Fiquei mergulhado no silêncio, admirando as estrelas e as imagens fracamente iluminadas ao meu redor; tudo era belíssimo. E, ainda sem pensar, comecei a correr. Para minha surpresa, dessa vez, corri por cerca de quarenta minutos, e só parei porque avistei uma luz na janela de uma casa distante.

De onde veio aquela energia que me fez correr tanto sem parar? Eu não senti medo; eu apenas não me cansei e não senti frio. Quando conto essa história hoje, parece estranho dizer que "aceitei a morte". Eu não desisti propriamente. Em algum sentido, desisti de um certo tipo de cuidado e fui imbuído de outro. A meu ver, abandonar o controle da vida liberou uma energia que, de forma paradoxal, tornou possível que eu corresse com total desprendimento em direção à vida.

"Abandonar" é uma boa palavra para descrever o que acontece com um tenista que sente que não tem nada a perder. Ele para de se preocupar com o resultado e simplesmente joga. E isso nada mais é do que deixar de pensar nas preocupações do Ser 1 e dar espaço para as preocupações naturais de um ser mais profundo e verdadeiro. É prestar atenção sem se preocupar; é fazer esforço, mas sem fazer força.

O OBJETIVO DO JOGO INTERIOR

Chegamos agora ao último ponto a ser abordado. Falamos sobre conquistar um maior acesso ao Ser 2 e sobre deixarmos nossos velhos hábitos de lado, para podermos aprender e desempenhar quaisquer jogos externos de maneira eficaz. Foco, confiança, escolha e consciência livre de críticas; todos esses itens são ferramentas importantes em direção ao nosso objetivo. Mas uma pergunta ainda não foi feita. O que significa *vencer* o Jogo Interior?

Há alguns anos, eu até poderia ter tentado responder a essa pergunta. Agora, prefiro não tentar, embora a considere uma questão pertinente. Os esforços para definir uma resposta são, na verdade, um convite para que o Ser 1 forme um conceito incorreto. O Ser 1, de fato, estará progredindo significativamente se chegar ao ponto de admitir, com humildade, que ele não sabe e nunca saberá a resposta. Assim, o indivíduo terá uma chance maior de sentir a necessidade de seu próprio ser, de seguir sua busca interior e descobrir o que realmente o satisfaz. E como apenas o meu Ser 2 saberá esse segredo, e ninguém vai me fazer elogios por isso, eu me sinto aliviado.

DAQUI PARA A FRENTE

Algumas vezes, me perguntam qual é a minha visão sobre o futuro do Jogo Interior. Esse jogo acontece desde muito antes de meu nascimento e vai continuar acontecendo mesmo depois de minha morte. Não sou eu quem vai visualizar o que vem pela frente; ele tem sua própria visão. Sinto sorte por ter tido a chance de testemunhar e aproveitar a sua existência.

Eu uso letras iniciais maiúsculas para fazer referência ao Jogo Interior porque acredito que o desenvolvimento e as aplicações dos métodos e dos princípios utilizados nos livros desta série serão cada vez mais utilizados no decorrer deste século. Defendo a teoria de que, nos últimos séculos, a humanidade estava tão ocupada em superar desafios exteriores que as necessidades essenciais de concentração nos desafios interiores foram negligenciadas.

Nos esportes, acho importante que professores e instrutores desenvolvam a competência para ensinar os dois domínios para seus alunos, guiando o desenvolvimento das habilidades exteriores e interiores. Ao fazê-lo, uma maior dignidade advirá à sua profissão e também aos que praticam esportes.

Acredito que a área dos negócios, da saúde, da educação e das relações humanas irá evoluir e ganhar melhor compreensão do desenvolvimento humano e das habilidades interiores necessárias para este processo. Seremos aprendizes melhores e pensadores mais independentes. Em resumo, creio que estamos apenas no início de um profundo e necessário reequilíbrio entre o exterior e o interior. Isso não é autocentrismo. É um processo de autodescoberta, que contribui naturalmente para o mundo exterior, enquanto aprendemos a melhorar a nós mesmos.

Epílogo

Há mais de cinquenta anos, desenvolvi alguns métodos que levam as pessoas a aprender por meio da experiência, em vez de aprender seguindo instruções. Quando tomei a decisão de condensar essas ideias em forma de livro, jamais antevi o impacto que elas teriam ganhando vida como *O Jogo Interior do tênis*. Este trabalho não apenas reverberou no mundo do tênis como transcendeu para outros esportes e, em última análise, permeou os aspectos mais cotidianos da vida das pessoas: desde os desafios enfrentados no ambiente de trabalho até as dinâmicas das relações intra e interpessoais. Fiquei profundamente comovido com a reação calorosa de pessoas ávidas por aprender através da própria sabedoria interna e da observação de seus próprios resultados. Como resposta a essa crescente demanda, escrevi uma série de obras posteriores sobre o conceito do Jogo Interior, explorando temas que abrangem o golfe e o esqui, englobando a música, o gerenciamento do estresse e a eficácia no trabalho. Enquanto algumas pessoas percebiam o potencial transformador dessa abordagem no contexto corporativo, fui cofundador de uma empresa de consultoria global. Essa empresa colaborou com renomadas organizações, incluindo gigantes como Apple, AT&T, Coca-Cola e Rolls-Royce.

Expresso minha gratidão aos atletas de elite, aos treinadores profissionais, líderes empresariais e até músicos que, ao aplicarem os princípios do Jogo Interior, encontraram recompensas tanto no prazer e no aprendizado conquistados através da experiência quanto na excelência natural no desempenho, alcançada sem esforços excessivos. Contudo, esta edição comemorativa de cinquenta anos do lançamento da primeira edição é também uma homenagem a todos os entusiastas do Jogo Interior que guardam consigo um exemplar surrado e marcado em suas estantes, mochilas esportivas, em cima de seus lançadores de bola ou dentro de armários de clube. Em outras palavras, é dedicada a todos aqueles que jogam simplesmente pelo prazer de jogar.

Neste livro, investigamos a magnitude do aprendizado natural com base na experiência, realçando a necessidade de manter um foco de atenção desprovido de julgamentos. Salientamos a relevância de cultivar um estado de concentração relaxada, confiando na inteligência inata do corpo e dominando a arte de agir por meio de uma consciência elevada. Neste estado, as ações fluem de forma instintiva e sem esforço.

Minha jornada pessoal me ensinou que o verdadeiro propósito do Jogo Interior está dentro de nós. Nada fora de nós é permanente ou suficiente para nos satisfazer por completo, pois há algo dentro de cada um de nós que transcende as páginas da psicologia convencional. Não é apenas uma ideia abstrata ou algo que possa ser escrito em palavras; é real e imutável, sua beleza e seu valor são infinitos. É a fonte primordial de todo o nosso potencial, o germe a partir do qual nossas vidas florescem. Quando alguém alcança a experiência direta desse princípio, quando se encontra cara a cara com a essência de sua própria existência, então, e somente então, alcança o primeiro objetivo, mas não o objetivo final do Jogo Interior. Ao nos aproximarmos do desfecho dessa jornada, deparamo-nos com um elemento vital tanto do jogo quanto da vida em si: a vontade de vencer.

Tenho compreendido, a cada dia mais, que todos nós nascemos com um anseio intrínseco por realização. No entanto, às vezes, nos vemos subjugados pelo desejo incessante da mente de analisar excessivamente nosso desempenho. Esta é a vontade de vencer: a determinação inabalável de sobrepujar as distrações causadas pelo excesso de controle e por obstáculos como a dúvida a respeito de si mesmo e o medo do fracasso — padrões que foram impostos e aceitos por muitos —, tanto com relação ao desempenho e à carreira quanto em relação à busca de objetivos de vida.

Um bom ponto de partida para manifestar sua vontade de vencer é estar consciente do que ocorre em seu dia a dia. Você deve se perguntar: "O que realmente desejo? O que seria necessário fazer para realizar o meu desejo? O que tornaria esta tarefa, esta vida, mais prazerosa e eficiente? O que me proporciona uma sensação de realização como indivíduo?". Expressar a vontade de vencer envolve fazer essas perguntas e buscar respostas práticas. Este processo reflete minha abordagem para iniciar o desafio interior de "conhecer-se a si mesmo", como proposto pelo filósofo grego Sócrates.

Estamos todos imersos no processo contínuo de autoconhecimento como seres humanos, porém, é fundamental lembrar que temos o poder de conduzir nossa jornada: controlamos a direção que tomamos e exercemos esse controle por meio das escolhas que fazemos no dia a dia. Compreendemos que nosso tempo neste mundo é finito e, por isso, desejamos aproveitá-lo plenamente. Assim, a vontade de vencer se traduz em nosso desejo de mergulhar por completo no momento presente: dando o melhor de nós mesmos e aprendendo com cada experiência com alegria, amor e gratidão pelos preciosos presentes universais da vida.

Aos 85 anos, ainda me encontro em constante descoberta de minha identidade como ser humano. Nada se iguala à experiência de estar vivo, sobretudo quando nos tornamos mais conscientes da importância de optar pelas coisas que valorizamos de verdade. Muitas vezes, o conhecimento do coração é relegado a segundo plano; no entanto, em minha jornada, descobri que é justamente ao explorá-lo que encontro a mais genuína alegria e a mais profunda sensação de realização. Essa, para mim, é a essência da verdadeira vitória.

Com amor e respeito,

Tim

Agradecimentos

Expresso minha gratidão a Ed Gallwey, meu pai, que me inspirou a buscar a excelência em um esporte de minha preferência. Aos 8 anos, tive de me decidir entre o golfe e o tênis, e escolhi o tênis. Quando ele me questionou sobre minha escolha, minha resposta foi simples: "Porque é mais barato!". Graças a essa decisão, conquistei o sétimo lugar no ranking nacional na categoria sub-15 e fui capitão da equipe de tênis de Harvard em meu último ano. Agradeço ao meu Ser 2, meu potencial interno, que continuou a evoluir ao longo do tempo, conforme eu desejava. Agradeço também à minha mãe, Irene Grissim Gallwey, cuja compaixão foi tão profunda que manteve viva minha humanidade, mesmo em uma sociedade competitiva. A Irene, minha irmã mais velha, que abraçou a excelência em seus objetivos de vida, e eu não só entendo como também respeito suas escolhas independentes, que a mantiveram feliz até seus 90 anos. E a Mary, minha irmã mais nova, que compreendeu a essência do Jogo Interior e compartilhou esse conhecimento, a princípio, como treinadora de tênis e, depois, encontrando paz interior em sua própria vida.

Agradeço às várias pessoas que me apoiaram ao longo da jornada do Jogo Interior, especialmente aos professores que tive ao longo do caminho. John Gardiner, meu primeiro treinador profissional de tênis, que compartilhou seus ensinamentos com grande simplicidade e cujas lições permanecem comigo até hoje. Agradeço a Don Prince, que, quando eu tinha 21 anos e era um tenista profissional, me levou para as águas turbulentas do norte da Califórnia e me ensinou a pescar trutas. Agradeço também a Larry Bacon, meu melhor amigo no ensino médio, que me inspirou a sair de casa e me matricular na St. George's School em Newport, Rhode Island, a mesma escola que meu pai frequentou. Ao senhor Mulholland, que jogava xadrez comigo em todas as minhas aulas da oitava série na Town School for Boys, e ao doutor Henry Kissinger, que me encorajou a passar no exame final de seu curso de Ciências Políticas no segundo ano em Harvard, inspirando-me a escolher, nos dois anos seguintes, apenas cursos que me interessavam no âmbito pessoal. O medo desapareceu. A Charananand, meu querido amigo no tênis e no golfe, por sua confiança e lealdade duradouras desde que me mostrou as técnicas para o caminho mais profundo para a autodescoberta de minha verdadeira natureza, conforme ensinado por Prem Rawat, cujos esforços e cuja inspiração têm sido os responsáveis pelo meu mais profundo e contínuo respeito pela divindade dentro de todos nós.

Agradeço a Bill Gates, da Microsoft, por me inspirar a abraçar o desafio de fazer a diferença junto aos habitantes de nações menos prósperas e por escrever a introdução à edição do 50º aniversário de *O Jogo Interior do tênis*. Agradeço também a Carl Rogers, cujos grupos de encontros espontâneos dissiparam meu medo das pessoas, inclusive de mim mesmo. A Sargent Shriver e Eunice Kennedy-Shriver, que me receberam em Paris e me permitiram dar aula de tênis para seus quatro filhos, além de fazerem parceria comigo em duplas em Wimbledon. A Pete Carroll, treinador de futebol profissional que introduziu os princípios do Jogo Interior em suas equipes, tanto na University of Southern California (USC) quanto no Seattle Seahawks.

Agradeço a Sally Childs Parodi, minha primeira esposa, e seus filhos Stephanie e Steve, que se tornaram minha segunda família e uma prova de que o verdadeiro amor é eterno. A Ella Quinlan, por sua gentileza e lealdade enquanto trabalhava comigo e pelo amor constante que dedica à sua mãe e a mim. A Michael Bolger, que dedicou suas habilidades e seu tempo para ser um verdadeiro amigo, um competente contador e um consultor. Depositei em você minha confiança e lhe fiz a promessa de buscar sempre o melhor e aprender a administrar minhas finanças.

Expresso meus sinceros agradecimentos ao doutor John Horton, um camarada próximo e amigo de confiança desde 1971, que nunca hesitou em estar ao meu lado, seja às margens do Ganges, seja nos dias atuais. Sou imensamente grato por sua honestidade e clareza. Que possamos continuar observando com precisão e enfrentando o futuro com coragem, aproveitando ao máximo os anos que temos pela frente.

Aos meus leais editores e às pessoas maravilhosas da Random House, que me incentivaram e apoiaram em meu trabalho, especialmente na publicação da coletânea do Jogo Interior, expresso minha sincera gratidão. Um agradecimento especial a Tom Perry, cuja recomendação para a edição do quinquagésimo ano inspirou a segunda edição de *O Jogo Interior do tênis*. A Miriam Khanukaev, minha atual editora, cuja curiosidade juvenil me deu uma nova perspectiva à medida que ela aprendia o Jogo Interior. Obrigado ao editor de produção Andy Lefkowitz; à gerente de produção Sandra Sjursen; à publicitária Hope Hathcock; ao profissional de marketing Michael Hoak; à designer de capas Daphne Chiang; à diagramadora Susan Turner; aos revisores Courtney Vincento, Austin O'Malley, Liz Carbonell e Killian Piraro. A Rachel Kind, diretora de direitos autorais estrangeiros, e a Donna Duverglas, vice-diretora de direitos autorais estrangeiros. Obrigado a todos. Tenho orgulho de estar com vocês!

Ao doutor Ely Weinschneider, meu estimado consultor, cuja atenção e cujo constante apoio me permitiram descobrir aspectos sobre mim mesmo que eu desconhecia, expresso minha sincera gratidão.

A Renato Ricci, meu amigo e parceiro, cujos esforços em nome do Jogo Interior enriqueceram minha vida e ajudaram a tornar os princípios do Jogo Interior conhecidos em todo o mundo. A Jeff Lipius, meu amigo e colaborador de longa data, cuja lealdade e dedicação incansável foram fundamentais para manter vivo o espírito do Jogo Interior.

Obrigado a David Brown e Tiffany Gaskell, meus companheiros, com quem compartilhei tantas lições e aprendi tantas outras. Obrigado a Sylvia Prybicho, minha querida amiga e ouvinte atenciosa, cuja compreensão do Jogo Interior foi sincera e me inspirou a continuar evoluindo.

Por fim, agradeço a Barbara Ann Quinlan-Gallwey, minha esposa, por sua fé em mim e pelo seu amor infinito por mim. Você me apoiou com seu amor, seu carinho e sua culinária requintada ao longo desses muitos anos.

Este livro foi impresso pela PlenaPrint
em fonte Baskerville MT Std sobre papel Pólen Bold 90 g/m²
para a Edipro na primavera de 2024.